Inhalt

W0372922

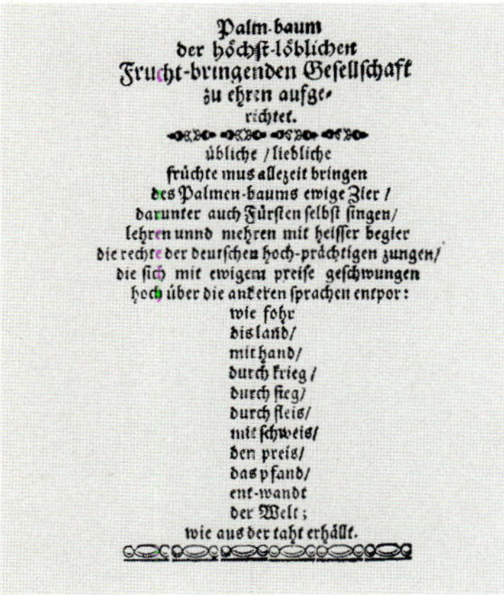

Palm-baum
der höchst-löblichen
Frucht-bringenden Gesellschaft
zu ehren aufge-
richtet.

übliche / liebliche
früchte mus allezeit bringen
des Palmen-baums ewige Zier /
darunter auch Fürsten selbst singen/
lehren unnd mehren mit heisser begier
die rechte der deutschen hoch-prächtigen zungen/
die sich mit ewigem preise geschwungen
hoch über die anderen sprachen empor:
wie fohr
disland/
mit hand/
durch krieg /
durch sieg/
durch fleis/
mit schweis/
den preis/
das pfand/
ent-wandt
der Welt;
wie aus der taht erhällt.

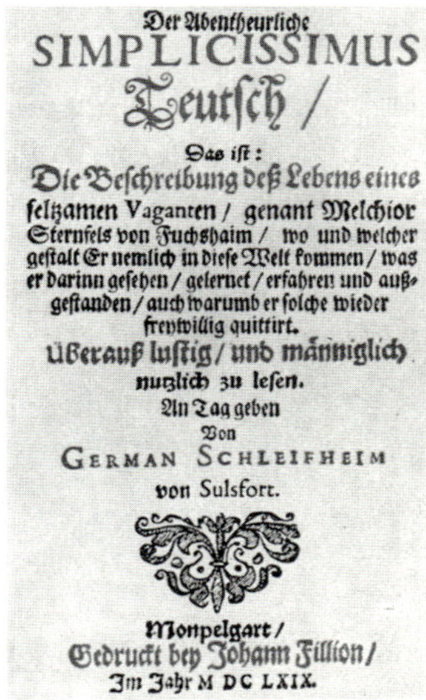

Der Abentheurliche
SIMPLICISSIMUS
Teutsch /
Das ist:
Die Beschreibung deß Lebens eines
seltzamen Vaganten / genant Melchior
Sternfels von Fuchshaim / wo und welcher
gestalt Er nemlich in diese Welt kommen / was
er darinn gesehen / gelernet / erfahren und auß-
gestanden / auch warumb er solche wieder
freywillig quittirt.
Überauß lustig / und männiglich
nutzlich zu lesen.
An Tag geben
Von
GERMAN SCHLEIFHEIM
von Sulsfort.
Monpelgart /
Gedruckt bey Johann Fillion /
Im Jahr M DC LXIX.

Lösungshinweise sind dem Heft beigelegt.

Reime sind das, wozu mich Gott bestellt ...

Reime sind in dieser Welt das, wozu mich Gott bestellt. / Diese Kunst der deutschen Reime / lernet Preußen erst von mir./Zwar man sang vor meinen Zeiten / aber ohn Geschick und Zier. (Simon Dach)

Wiewohl ich mir von der Deutschen Poeterey / auff ersuchung vornemer Leute / und dann zu beßerer fortpflantzung unserer sprachen etwas auff zu setzen vorgenommen; bin ich doch solcher gedancken keines weges / das ich vermeine / man könne iemanden durch gewisse regeln und gesetze zu einem Poeten machen. (Martin Opitz)

So gegensätzlich die beiden Aussagen erscheinen mögen, sie sind wie eine Poetik der barocken deutschen Literatur in Kurzfassung. Dach, der Ostpreuße, Poetikprofessor und Theologe, Vieldichter, begriff seine wissenschaftliche Ausbildung und seine gesellschaftliche Stellung als gottgegebenen Stand und somit als Wirkungsverpflichtung. Der welterfahrene, in vieler Herren Diensten erfolgreiche Schlesier Opitz will ordnen, normieren, so Deutschland und seine Sprache im europäischen Konzert aufwerten. Beide wissen jedoch, dass Poesie auch mehr ist als Verschönerung des täglichen Lebens durch Zierlichkeit, Preis der Großen dieser Welt und Feier auch kleinerer Anlässe, Erziehung zu Tugend und Bildung, religiöse Verkündigung und fromme Versenkung und Erbauung.
Es waren gebildete Männer, die dichteten. An Fürstenhöfen und in den städtischen Sprachgesellschaften gehörten auch einige Frauen zum – relativ – kleinen Kreis der poetisch Tätigen, dessen Mitglieder sich vielfach kannten, miteinander korrespondierten. Der Großteil der Bevölkerung indes nahm am künstlerischen, speziell am literarischen Leben nur sonntags teil: beim Singen der Kirchenlieder, beim Anhören der Predigt und der Kantaten, bei prächtigen Prozessionen – in katholischen Gebieten. Die Theaterbühnen im Schloss oder im Saal des Jesuiten-Kollegs waren nicht für das „Volk" zugänglich. Und wer konnte schon mehrhundertseitige Romane lesen?
Ist es dieser elitäre Charakter, der uns die barocke Literatur heute zunächst so fremd macht?

Beschäftigt man sich nur ein wenig nachhaltiger mit der Zeit, sieht man, wie die gleichen Prinzipien in den literarischen Werken wie in der Architektur, der Stadtplanung, der Gartenkunst des 17. Jahrhunderts wirksam sind, wie handwerklich-technisches Können und organisatorisch-forschender Verstand in (See-)Verkehr, Wirtschaft sowie Militärwesen und Verwaltung eine neue Haltung zur Welt herbeiführen. Dieser Charakterzug sollte in ganz Europa direkt in die Rationalität und die aufklärerische Vernunft des 18. Jahrhunderts führen. Bedrückend und erschreckend wirkte zunächst jedoch der 30-jährige Krieg: das europäische Ringen um Glaubensinhalte und Konfessionensabgrenzungen, um territoriale Machtsphären und Einflussbereiche auf deutschem Boden. Nicht zu vergessen die schrecklichen Ereignisse der so genannten Hexenverfolgungen! Kein Wunder, dass der barocke Mensch zwischen Weltverneinung und Weltgenuss schwankt, sich mal an den Tod verloren glaubt, dann wieder nach Lebensfreude giert und seinen Spott über diese gar nicht heile Welt ausgießt.

Das Problem der Epochenbildung

Die Einteilung der Literatur in Epochen ist immer vorläufig und auch unbefriedigend, denn sie setzt Grenzen, wo eher Übergänge sind, sie blendet Entwicklungen möglicherweise aus, weil sie suggeriert, Epochen lösten sich gegenseitig ab. Das Gleichzeitige des Unterschiedlichen wird damit ebenso vernachlässigt wie das sich Gleichbleibende im zeitlichen Nacheinander.
Trotzdem halten wir hier an einer Epocheneinteilung fest, fassen das 17. Jahrhundert als solche zusammen, ohne diese Grenze starr zu ziehen. Damit nehmen wir Rücksicht auf die Künstlichkeit solcher Zuordnungen und Abgrenzungen. Literaturgeschichte bleibt auf diese Weise übersichtlich und verständlich. Sie bleibt wissenschaftlich fundiert, ohne die akademische Genauigkeit in den Mittelpunkt zu stellen. Die Beschäftigung mit barocker Literatur soll auch Freude machen, soll deren Aktualität zeigen, sodass sie verstanden werden kann in ihrer Geschichtlichkeit als Teil und Voraussetzung heutiger Denk- und Lebensformen, als Erbe, das in Kunst, Musik, Architektur und eben Literatur zu bewahren sich lohnt.

Zum Aufbau des Arbeitsheftes

Auch in Bezug auf seinen Aufbau will das Arbeitsheft diesem Anspruch gerecht werden; so sind die Kapitel in vier Kategorien einzuteilen:
Das Basiskapitel spricht die wichtigsten Themen der Epoche an, exemplarisch veranschaulicht durch vier typologisierende Sichtweisen. Diesen lassen sich die Einzelwerke in Entgegensetzung oder oft vielfältiger Verschränkung zuordnen. Die Vielfalt der barocken Themen wird so überschaubarer, zugleich aber auch verstehbar.
Die zweite Kategorie bilden Kapitel über repräsentative Ganzschriften der Zeit: der Roman Grimmelshausens sowie Dramentexte aus dem gegenreformatorischen Jesuiten-Theater bzw. Gryphius' Gesellschaftssatire *Herr Peter Squentz.*
In der dritten Kategorie finden sich Texte und Materialien zum historischen Umfeld der Epoche, zu ausgewählten Aspekten des täglichen Lebens sowie an einem Beispiel die Variationsbreite des literarischen Umgangs mit einem Thema, zu Krieg und Hexenverfolgungen. Das Kapitel über eine herausragende Frauengestalt zeigt in besonderem Maße die Verbindungen zwischen künstlerischem Schaffen, schriftstellerischer Tätigkeit und Teilhabe am wirtschaftlich- gesellschaftlichen Leben der Zeit.
Der vierten Kategorie ist die Rätselseite am Ende zuzuordnen, die – im Sinne barocken Spiels – zusammenfasst und erinnert.
Dem Arbeitsheft ist ein Extrateil mit Lösungshinweisen beigelegt. Diese sind zuerst ausführlicher, später eher prinzipieller; Leserinnen und Leser haben sich schon eingearbeitet und sind mit Geist und Stil der Epoche vertrauter geworden.

Eine neue Konzeption von Literaturgeschichte

In jedem Kapitel finden sich neben den Texten und Illustrationen vielfältige Anregungen zur Vertiefung und Weiterarbeit. Dies reicht von der Einzelarbeit über Partner- und Gruppenarbeit bis zu Vorschlägen für Projekte und szenisches Arbeiten. Wir möchten, dass unsere Leserinnen und Leser mehr tun als nur den Text zu lesen; wir möchten, dass sie an ihm arbeiten und so tiefer in ihn eindringen.
Deshalb gibt es in diesem Heft kreative Aufgaben (sie sind durch eine Schreibfeder gekennzeichnet), die dazu auffordern, selbst tätig zu werden und den Text aus-, um- oder nachzugestalten. Und da dies ein Arbeitsheft ist, ist es auch erwünscht, darin z. B. Texte zu gliedern, Stellen zu markieren oder Bemerkungen an den Rand zu schreiben. Diese Art von Aufgaben erkennt man an dem Bleistift. Wenn man dann einen Text erarbeitet hat, ist man auch sicher genug, eigene Gedanken dazu zu entwickeln. Über die Texte, ihre Inhalte, ihren Bezug zur Gegenwart zu diskutieren und Fragen dazu zu erörtern will das Zeichen „E" auffordern. Zum richtigen Lesen gehört aber auch, sich selbstständig weitergehend zu informieren und diese Informationen unter Umständen nicht nur für sich selbst aufzubereiten, sondern in Kurzreferaten an andere weiterzugeben. Auch dafür gibt es einen Hinweis.

Kommt, lernt vom Palmenbaum ...

Barroco – unregelmäßig, schief nannten die Portugiesen eine Perle, die nicht ganz gleichmäßig gewachsen war. Wunderlich, unverständlich, bizarr, unnatürlich, „barock" urteilte das aufgeklärte Zeitalter über die Kunst des 17. und frühen 18. Jahrhunderts. Man mochte die geschwungenen Gewänder, die ekstatischen Gesten nicht, nicht die durcheinander quirlenden Menschenmassen, nicht die Bögen und Spiralen an den Gebäuden ... Und für die Literatur gar galt bis zur Mitte des 19. Jahrhunderts, diese Poesie sei „Verfall der Renaissance". Das Geschmacksurteil der Goethezeit wirkte. Dichtung war allein das „Bekenntnis des vom Genius Berührten", der sein individuelles Erleben, Denken und Fühlen in einen gültigen, d.h. natürlich-ursprünglichen Ausdruck fassen konnte. Barock? – Das war wie ein Schimpfwort.

Asam-Altar im Augustiner-Chorstift Rohr/Niederbayern (1723)

Bis zur Mitte des 2o. Jahrhunderts dauerte der Erkenntnisprozess, an dessen Ende eine neue Wertschätzung der kulturellen Leistung des 17. und 18. Jahrhunderts stand, in der Europa sich zum letzten Mal einig war. Jetzt sah man die Spannung zwischen Religion – geoffenbarter Wahrheit – und Wissenschaft – erforschbarer Wahrheit –, die das kulturelle Schaffen der Barockzeit geprägt hatte. Man erkannte, wie heidnischer Mythos und christliche Legende ebenbürtig die Grundlage für neue Formen in Plastik, Malerei und Literatur abgeben konnten. Man verstand, wie der hierarchische Aufbau von Kirche, Staat, Gesellschaft, der das 17. Jahrhundert geprägt hatte, die in Sitte und Brauch üblichen Formen zu einem beziehungsvollen Zeremoniell erstarren ließen, sei es in komplizierten Briefformen, die so übertrieben gestelzt wirkten, dass man sie als schwülstig abtat, oder sei es in den prunkvollen Hoffesten und Staatszeremonien mit ihrer Prachtentfaltung. Man verstand immer besser, wie scheinbar Widersprüchliches zueinander gehörte. Die „Dichter" waren gebildete Leute, hatten studiert, waren weit in Europa gereist, „von Stand". Sie dienten dem Staat als Beamte oder Professoren, der Kirche als Pastoren – und dem „Vaterland", der deutschen Sprache und Poesie, mit ihrer dichterischen Beschäftigung „in Nebenstunden".

Ihre Themen passten in die Realität ihrer Zeit. Gryphius, Opitz, Fleming, Dach ...: Ihre Gedichte zu den unterschiedlichsten Anlässen waren gesellschaftlich eingebunden, dienten der Verschönerung von Hochzeiten, Amtseinsetzungen, Jubiläen, feierten Personen, die Liebe, das gesellige Trinken, verspotteten die kleinen Mängel der Zeitgenossen, bissen satirisch nach den schädlichen Auswüchsen menschlichen Fehlverhaltens. Diese Dichtung erstrebte die Schönheit durch die vollendete Form in Wortwahl, Metrum, Reim und ausdrucksstarker Bildkraft; und sie war öffentlich! Auch die „Sprachgesellschaften"genannten poetischen Vereinigungen von Männern und Frauen in den großen Städten Nürnberg, Straßburg, Leipzig, Hamburg, Königsberg u.a. arbeiteten nicht verborgen an Idyllen und Weltzurückgezogenheit. Im Gewand des antikisierenden Schäfers entwarfen sie „Tugendlehren". In dicken Romanen diskutierten sie das rechte Verhalten, das Problem der Gleichwertigkeit von Mann und Frau, den rechten Weg zur selbstständigen Persönlichkeit. Harsdörffers *Frauenzimmer-Gesprächsspiele* sind darüber hinaus eine Anleitung zum guten Benehmen in der Gesellschaft und zugleich ein Forum, „Frauengedanken" zu publizieren.

In den protestantischen Kirchenliedern Paul Gerhardts wird christliche Verkündigung verständlich vorgetragen. Die Melodie prägte die Lehre ein – ein Leben lang. Friedrich Spee wirkte mit seinen Liedern und Gedichten im katholischen Raum. Dieser Jesuit wandte sich mit seinem Buch *Cautio Criminalis* gegen den Geist und die Praxis der Hexenverfolgungen seiner Zeit. Verkündigung und konfessionelle Polemik zugleich boten die jährlichen Theateraufführungen der Jesuiten, die sie in ihren Kollegs veranstalteten. Grimmelshausen, der Renchener Amtmann, fasst im ersten deutschen Roman dies alles zu einem großen Bild von der Welt zusammen. Seiner Hauptfigur, dem Simplicissimus, begegnen die Schrecken des großen Krieges und die Trost spendende Einsiedelei, er erlebt das Heuchlerische des frommen Lebens und das Zerstörerische des in der Welt sich Herumtreibens, er diskutiert utopische Entwürfe von menschlichem Zusammenleben – und bietet doch „nur" ein Abbild der Welt, keine Lösung.

Von „Lösungen" ist die barocke Poesie weit entfernt. Aber sie diskutiert, bildet ab, entwirft in typologischen Sichtweisen. Die Einheit von Gott – Welt – Sündhaftigkeit und Erlösungsmöglichkeit veranschaulicht sie im Emblem, im Sinnbild. Dem Widerspruch zwischen dem Hinnehmen des Vorgegebenen, Statischen, und der Erfahrung der Unbeständigkeit des Lebens in der Realität von Krieg, Hexenverfolgungen, persönlichen Schicksalsschlägen begegnet sie mit dem Einsatz von Vernunft, Verstand, der Anstrengung des naturwissenschaftlichen Forschens, technischen Entwickelns und organisatorischen Gestaltens in Staat, Stadt, Wirtschaft und Kunst. Die Spannung zwischen den genannten beiden Polen Diesseitigkeit und Jenseits entlädt sich in Spott und Satire bis zum Galgenhumor, Lebenslust und Lebensgier einerseits und Traurigkeit sowie Leiden an der Vergeblichkeit der menschlichen Anstrengungen auf der anderen Seite.

Erst das nachfolgende Jahrhundert der „Herrschaft der Vernunft" gab vor, die Klüfte zwischen diesen barocken Lebensgefühlen schließen zu können. Das Zauberwort hieß „Fortschritt". Dass der barocke Mensch das nicht konnte, nicht einmal versuchte, das macht die Beschäftigung mit barocker Literatur spannend, ja geradezu aktuell.

ALS WENN DER SONNENWAGEN DEM LEUCHTEN WOLLT ENTSAGEN – DIE EMBLEMATISCHE SICHT

Man hat das 17. Jahrhundert, das Zeitalter des Barock, auch das „emblematische Zeitalter" genannt wegen der Häufigkeit, mit der in der Malerei und der Dichtung diese sinnbildliche Darstellungsform verwendet wurde. Oft wurden dabei Erzählungen aus der griechischen und römischen Mythologie dargestellt. Die in umfangreichen Emblembüchern gesammelten Bilder wurden durch Hinzufügung eines neuen Textes einem neuen Anlass jeweils angepasst: So konnte ein Grundgedanke auf mehrere konkrete Ereignisse oder Tatbestände angewendet werden.
Wenn in den auf Seite 10 abgedruckten drei – von 18 – Kernstrophen des Hochzeitsgedichts von Simon Dach die Liebe mit dem Sonnenwagen Phoebus-Apolls verglichen wird, so zeigt sich in der gedanklichen Weiterführung dieses scheinbar nur rhetorischen Vergleichs, wie hinter allen angeführten konkreten Einzelheiten der biblisch-christliche Gedanke „Gott ist die Liebe" steht – bis hin zum Bild des Weltuntergangs.
So kann ein bildlicher Gedanke zur Anschauung von der Welt werden. Umgekehrt gilt: Solch festes Bild von der Welt bleibt sich gleich, auch wenn es in Emblemen immer wieder etwas anders dargestellt wird. Es ist ohne Entwicklung, statisch, trotz seiner bildhaften Fülle einfach in der Aussage. Deshalb können die barocken Bildprogramme in Schlössern und Kirchen bis heute auf den Betrachter wirken.

DAS EMBLEM ALS FORM

Das Emblem ist eine sinnbildliche Darstellung aus der antiken Stilistik.
Technisch gesehen hat ein vollständiges Emblem drei Elemente:
1. Das Motto, auch Inscriptio oder Lemma genannt: die Überschrift. In ihr wird die Sinnaussage – sehr oft in lateinischer Sprache – formuliert.
2. Im Mittelpunkt steht das Bild, die Pictura, die das Gemeinte bildlich vorführt. In unserm Beispiel ist es die personifizierte Sonne, die, auf dem Tierkreis sich fortbewegend, mit ihren Strahlen die Erdkugel und die sie umgebenden Wolken erhellt. Das Ganze ist von zwei Kreisen umschlossen, wird so zum in sich ruhenden, abgeschlossenen Weltbild, dem Universum.
3. Es folgt ein Text, die Subscriptio. Darin wird , entweder in epigrammatischer Kürze oder aber auch in einem langen Gedicht, erklärt, was im Einzelnen gemeint ist.
Selbst abstrakte Sachverhalte wurden so darstellbar: Ein Ölzweig stand für Frieden, die Palme für Treue und nützliche Fruchtbarkeit usw. Diese Bedeutungen waren den gelehrten Poeten bekannt, dem nicht minder gelehrten Lesepublikum ebenfalls.
Das Wichtigste aber: Im Emblem drückt sich etwas grundlegend Barockes aus: Nicht das Individuelle, das Private, das persönlich Erfahrene und Erfundene ist wichtig; es wird vielmehr eingebettet in eine allgemeine überpersönliche Ordnung. Die Analogie, das Gleichgesetzte, wird so zur „Signatur einer ordnenden Macht", d. h. zu „Bekundungen Gottes, der die Welt im emblematischen Kosmos geschaffen hatte"(Albrecht Schöne).
Im Emblem wird Gültiges und Dauerndes ausgedrückt, das objektiv wahr ist und somit richtig. Das allerdings ist nach zwei Richtungen hin gültig: Die Wahrheit wird im Emblem sinnenhaft darstellbar, anschaulich; das emblematisch Dargestellte beansprucht, das Wahre zu sein.

Sonne über der Erdkugel

Dennoch erleuchtet sie alles mit ihren Strahlen

DIe Sonn an ihrem Ort sich helt /
Erleuchtet doch die gantze Welt /
Eins Fürsten tugendt ins geleich /
Erfrewt die Leut im gantzen Reich.

1. Auf welche anderen Sachgebiete ist nach Ihrer Ansicht dieses Emblem anwendbar? Formulieren Sie für eines oder zwei dieser Gebiete Inscriptio und Subscriptio neu.

Simon Dach

SIMON DACH (1605 MEMEL–1659 KÖNIGSBERG)

Der Sohn eines Dolmetschers für die litauische Sprache besuchte die Schulen in Memel, Königsberg, Wittenberg und Magdeburg, studierte dann in Königsberg Theologie und Philosophie und brachte es dort bis zum Konrektor an der Domschule (1636), schließlich 1639 zum Professor für Poesie an der Universität. Geistliche und weltliche Lieder, Gelegenheitsgedichte zu Familienfeiern u. Ä. machen sein umfangreiches Werk aus: Über 1000 Gedichte sind gedruckt. Sein Freund, der Organist Heinrich Albert, vertonte viele davon. Dach verstand es, auch persönliche Gefühle und Naturschilderungen eindrucksvoll zu gestalten. Er gilt als der Gründer der Königsberger Dichtergruppe „Die Kürbishütte", benannt nach dem Treffpunkt des Freundeskreises in einem mit Kürbis überwachsenen Gartenhaus.

Es stünde mit der Erden

Es stünde mit der Erden,
wenn Lieben sollte werden
von Menschen abgetan,
als wenn der Sonnenwagen
dem Leuchten wollt entsagen
auf seiner Himmelsbahn.

Dass sich ein Wald verjünget,
dass hier ein Vogel singet,
dass hier wird Wild gespürt,
dass Bäume Früchte hegen,
dass Gras wächst nach dem Regen,
von Liebe solches rührt.

Wenn alles dies zusammen
durch Hitz und Macht der Flammen
wird werden Rauch und Wind,
wird doch die Liebe stehen
und ewig nicht vergehen,
– weil Gott sie selbst entzündt.

Halten Sie ein Kurzreferat über S. Dach.

1. Handelt es sich Ihrer Ansicht nach um ein weltliches oder geistliches Gedicht?
2. Analysieren Sie Aufbau und Sprache des Textes.

JOHANN CHRISTOPH MÄNNLING (1658 WABNITZ/SCHLESIEN–1723 STARGARD)

Todten=Bahre.

Mein Wanderer ſteh ſtill allhier /
Es liegt der Tugend=glantz und Zier /
Auf dieſer ſchwartzen Todten=Baare /
Das Leich=Tuch deckt die muntren Jahre /
Jedoch der Nach=Klang / rufft noch aus:
Hier iſt der Ruh ihr ſichres Hauß /
Dahin der Seelige den matten Leib verſtecket /
Biß einſten Sand und Grauß /
Wird durch den Lebens=Geiſt des Höchſten ſtehn erwecket
Da wird der Tod / Gleich Phoenix* Bruth /
Und ſein Geboth / In friſchem Muth /
Wie Eyß zergehn / Itzt bleibt der Ruhm /
Er aber ſtehn / Sein Eigen=Thum /

*Phoenix = der Vogel Phönix, der nach antiken Sagen verjüngt aus dem Feuer hervorging; im Christentum: Symbol der ewigen Verjüngung/Auferstehung

1. Unterstreichen Sie weitere Bilder/Metaphern im Gedicht.
2. Erläutern Sie eine Metapher Ihrer Wahl: Elemente, Gesamtaufbau, Gefühlsaussage …
3. Zeichnen Sie „Ihre" Metapher!

St. Peter im Schwarzwald. Deckengemälde in der Bibliothek

Der moderne erläuternde Text zu diesem Bild erklärt:

Im Zentrum des Bildes schwebt wie in einer gläsernen Kugel, dem Erdkreis, wo Wasser und Land noch nicht geschieden sind, die Taube des Heiligen Geistes, von der alles Licht ausgeht. Auf der rechten Seite stützt Gott Vater seinen Arm mit dem Szepter auf den Ball. Die ehrwürdige, bärtige Gestalt, geleitet von Engeln, hat ihren linken Arm weit abgestreckt in der Gebärde des Schöpfergottes in Michelangelos Sixtinischer Decke*. Auf der immateriellen Kugel aber liegt das Buch mit den sieben Siegeln. Gottes Sohn erscheint nicht als Person, sondern nur als Lamm mit der Kreuzesfahne darauf liegend.

Innerhalb der aufgerissenen Wolken schwebt noch ein Kranz von sieben zartfarbigen Engeln, die alle ihr Buch hochheben. Nur an der linken Seite wird dieser Kranz unterbrochen durch die auf einer Wolke kniende Jungfrau Maria, welche die Hände vor der Brust übereinander gelegt hat. Ein Putto entrollt vor ihr ein Schriftband mit ihren Worten: MAGNIFICAT ANIMA MEA DOMINUM (Luk. I,46). Damit überbrückt er den Abgrund, der sich zwischen den beiden Gruppen unter ihm auftut. Was immer dieser auch andeuten mag. Auf den ersten Blick können wir unter der Glorie die Vertreter des Alten Testaments rechts und die des Neuen Testaments links unterscheiden.

* Gemeint ist die Decke der Sixtinischen Kapelle im Vatikan in Rom, die Michelangelo ausmalte.

So mag auch der gelehrte Betrachter, Besucher der berühmten Klosterbibliothek, im Stillen formuliert haben, jedesmal, wenn er das Bildprogramm sah. Ein solches Bildprogramm erzeugte eine literarische Produktion im Kopf des Betrachters. Es musste nicht immer eigens erdacht werden. In Musterbüchern standen den Malern wie den Architekten Entwürfe zur Verfügung, die dem jeweils geforderten Auftrag angepasst werden konnten.

1. Beschreiben Sie nach obigem Beispiel das Bildprogramm aus den Deckengemälden eines sakralen (Kirche, Kloster) oder profanen (Schloss-Treppenhaus, Festsaal) Bauwerks Ihrer Heimatstadt: Formulieren Sie einen kurzen Text.
2. Erörtern Sie, ob durch solche Darstellungen die reale Welt des absolutistischen Staates ebenso wie die barocke Frömmigkeit gestützt wurde.
   Fassen Sie das Ergebnis schriftlich in die Form eines Streitgesprächs.

E

DAS BAROCKE FEST

Ein lebendiges Emblem, ein bewegtes Bild, könnte man das barocke Fest nennen.
Es verband mehrere Funktionen miteinander. Wie im folgenden Beispiel aus Wolfenbüttel war es privat-familiäre Ehrung und zugleich öffentlich-politische Darstellung. Diese Darstellung hoher und höchster Personen bei vielen Festen, die aus den unterschiedlichsten Anlässen (Geburtstage, Hochzeiten, Friedensschlüsse, Bau-Einweihungen, Amts-Erhöhungen, Jagden usw.) gefeiert wurden, galten nun aber nicht in erster Linie der Person des Gefeierten. Oder doch nur insofern, als diese Person einen hohen Rang bekleidete. Rang aber ist Gnade, ist von Gottes Gnaden. So ist das Fest Repräsentation göttlicher Ordnung. Wieder zeigt sich das Beharrende in dieser Weltsicht.
Es ist verständlich, dass im barocken Fest alle Künste zusammen bemüht wurden; nicht nur die Poesie in Gedichten und Theaterstücken, sondern ebenso die Architektur (der Triumphbogen, die Treppe), die Landschaftsgestaltung (der Garten, der künstliche See), die Musik (das Konzert, die Suite) sowie die Malerei, die Skulptur und – die Mode. Wie aufwändig solche Feste im Einzelnen sein konnten, zeigt das Hoffest zur Hochzeit Kaiser Leopolds in der Wiener Hofburg 1666.
So gesehen ist die barocke (Hof-)Oper ein ständig gewordenes Fest.

Der Parnass, der Sitz der Musen, der griech. Göttinnen der Künste

SOPHIE-ELISABETH, HERZOGIN VON BRAUNSCHWEIG UND LÜNEBURG

Sophie-Elisabeth von Mecklenburg-Güstrow, geb. 1613, war – seit 1635 – die zweite Frau des regierenden Herzogs August von Braunschweig und Lüneburg (1579–1666). Mit ihrem Mann und den Kindern aus seiner ersten Ehe, besonders mit Sybille-Ursula (1629–71) und Anton-Ulrich (1633–1714), bildete sie die Seele des Musenhofes in Wolfenbüttel. Während der regierende Herzog seine schon damals berühmte Bibliothek ausbaute, organisierte sie die Hofkapelle und schrieb Theaterstücke, so genannte Spiele oder Maskeraden, einen Roman, der eine ethische Schule für den barocken Hofadel darstellte, sowie ein Drama, das man als Anti-Macchiavell bezeichnen könnte. In Gedichten und Liedern war ihr Thema die private sowie höfische Erziehung und die religiöse Erbauung und Frömmigkeitsübung. Sie war zwar nicht Mitglied – das konnte sie als Frau nicht sein –, wohl aber „Teilnehmerin" der „Fruchtbringenden Gesellschaft" zu Weimar. Dieser so genannte „Palmenorden" war die vornehmste, weil fast rein adlige, und erste (1617) der deutschen Sprachgesellschaften.

Der Minervae Banquet

Das „Banquet der Minerva"* (1655) war eine Theaterproduktion, bei der der gesamte Hof als Darstellerinnen und Darsteller – teilweise in wechselnden Rollen – teilnahm. Es galt den Herzog August zu ehren an seinem 77. Geburtstag. Das Festprogramm sah nach dem Theaterstück ein großes Festmahl vor und danach die Aufführung eines Balletts.

*Minerva war die italisch-römische Göttin des Verstandes; Schutzpatronin aller Künste; mit der griech. Pallas Athena oft in eins gesetzt.

Der MINERVÆ
BANQVET,
Welches zu sonderbaren Ehren/ auff den LXXVII. Geburts-Tag
Des Durchläuchtigen Hochgebohrnen Fürsten und Herrn/
Herrn Augusti/
Hertzogs zu Brunswyg und Lunäburg/
Nemlich den 10. Aprilis, deß 1655. Jahrs zu halten bestimmet geworden/ Aus Ursachen aber biß auff den 1. May, obgemelten Jahres verschoben/ und ins Werck gestellet worden.
Wolffenbüttel/
Bey Johañ und Heinrich den Sternen.

Titelblatt zu *Der Minervae Banquet* (1655)

Hoffest zur Feier der Hochzeit Kaiser Leopolds I. 1666 in Wien

Als Personen treten neben „der Zeit" auf: Diogenes, ein Trunkener, ein Landfahrer mit einem Affen, drei Spieler, fahrendes Volk, Verliebte, ein Narr ...: Das ist der Personenkreis, von dem es in der Vorstellung der Figuren durch die „Zeit" heißt, es seien die,

Die mit Betrug ümbgehen:
Denen / andern Leuten übel nachzureden / oder sonst unnützes Gewäsche zu treiben / eine sonderbare Freude ist:
[...] Die durch Großsprechen / Nachforschung unmüglicher Dinge / und durch Rauch verkauffen sich einen Namen zu machen suchen / und dergleichen:
Ihr werdet aber zugleich sehen / wie endlich solches alles auf NARRHEIT auslauffet.

Andere dagegen sind klüger. Hier sind die vornehmsten Hofpersonen als Darsteller genannt: So stellte Herzog Anton Ulrich den Genius dar und die Politia, sein Bruder die Eruditio usw. In einer langen Rede führt die „Zeit" sich und ihr Anliegen ein. Dann geht es erst richtig los:

Wann die ZEIT hinweg / kommen folgende Auffzüge:
I. DIOGENES,
Kommet aus einem Vaß /hat in der Hand eine Latern /darinn ein brennend Liecht.
ICh such mit grossem Fleiß / ja zünde bey der Sonnen /
Und bey dem hellen Tag noch an ein ander Liecht;
Doch gantz vergebens: Was ich suche / find ich nicht.
Indem ich also such / ist mir die ZEIT zerronnen.
II. EIN TRUNCKENER
Ich halt auff nichtes mehr die Langeweil zu verjagen /
Als wann mit gutem Wein ich fülle Wanst und Kragen.
III. EIN LANDFAHRER MIT EINEM AFFEN
Ich kan die liebe Zeit mit grosser Lust vertreiben:
Dann der possierlich Aff macht mir der Kurtzweil viel.

Zwei Projekt-Vorschläge für Interessierte in fachübergreifender Gruppenarbeit:
1. Stellen Sie eine Multimedia-Produktion zusammen: „Die Uraufführung der *Wassermusik* von G. F. Händel"
2. Dokumentieren Sie auf einer Wandzeitung, was alles zu einer barocken Opernaufführung gehörte.

1. Formulieren Sie die Epigramme für die hier nicht aufgeführten weiteren Figuren „Spieler", „Verliebte", „Narr".
2. Suchen Sie eine „heutige" Figur für „den mit dem Affen".
3. Erfinden Sie – mit Epigramm – zwei „moderne" Figuren, die mit der Zeit unsinnig umgehen.

MAN SCHAFFE SCHIFFE UND SEGEL, DIE SICH FÜR DIE HIMMELSLUFT EIGNEN – DIE WISSENSCHAFTLICH-FORSCHENDE SICHT

Es ist typisch für das europäische Denken im Zeitalter des Barock, dass sich neben die aus der antiken Sagen- und Mythenwelt überlieferten Denkweisen, wie sie sich im Emblematischen ausdrücken, ein neues, forschendes Denken stellt. Es folgt den Prinzipien von Ursache und Wirkung, nimmt die genaue Beobachtung und das Experiment in seine Methodik auf – nicht länger ausschließlich die „Autoritäten" – und wendet seine Ergebnisse ingenieurhaft zur Veränderung der Welt an. Jetzt können drei sehr unterschiedliche Weltsysteme nebeneinander „diskutiert" werden, weil es prinzipiell um die wahre, d.h. die empirische Erkenntnis der Wirklichkeit geht. Der aber nähert sich der Forscher schrittweise an, formuliert dazu Modellvorstellungen, die es zu verifizieren gilt. Die Sprache rückt als grundlegendes kulturtragendes und zivilisatorisches Medium vielfältig in den Blick, wird insbesondere als Gegenstand der Forschung und Normierung (z. B.: Opitz) wie als Instrument zur Entwicklung der Einzelpersönlichkeit, ganzer Gruppen von Personen und auf diese Weise der Nationen insgesamt betrachtet. Dieser Spracharbeit widmeten sich vor allem die „Sprachgesellschaften" oder „Orden" genannten Vereinigungen von Bürgern in den deutschen Städten.
Paradoxerweise waren es aber vielfach die absolutistische Staatsform und der Fürst als Meinungs- und Rechtssetzer, die die technischen Entwicklungen – im Dienste des fürstlichen Hofes wie des absolutistischen Staates – anregten und förderten. Dieses neue, auf Nützlichkeit zielende Denken prägte das 17. Jahrhundert mindestens so nachhaltig wie die emblematischen Sichtweisen von Gott und der Welt.

Die drei Weltsysteme von Johann Zahn (1696)
Das Schaubild zeigt oben das Modell des Ptolemäus (ca. 140 v. Chr., Alexandria) mit der Erde im Zentrum. Kopernikus (links) stellte die Sonne ins Zentrum, Tycho Brahe (rechts) berücksichtigte die nicht konzentrischen Planetenbahnen.

Johannes Kepler

JOHANNES KEPLER (1571 WEIL DER STADT–1630 REGENSBURG)

Kepler hatte nach der – evangelischen – Klosterschule Maulbronn in Tübingen Theologie studiert. Ab 1594 war er als Mathematiklehrer in Graz. Seine erste Schrift, *Mysterium cosmographicum,* schickte er auch an Tycho Brahe, der ihn daraufhin als Assistent zu sich berief. 1600 siedelte Kepler – auch von der Gegenreformation aus Graz vertrieben – nach Prag um. Als Brahe schon 1601 starb, wurde Kepler sein Nachfolger als Hofastronom Kaiser Rudolfs II. Er verfügte damit auch über die Aufzeichnungen Brahes, die er nachrechnete. Vier Jahre lang überprüfte er 70 Hypothesen zur Marsbahn durch empirische Beobachtungen. Dann formulierte er 1609 seine *Neue Astronomie.*

Wenn es auch die Frömmigkeit erheischt, sich sogleich am Anfang dieser naturwissenschaftlichen Untersuchung zu fragen, ob nichts darin gegen die Heilige Schrift ausgesprochen wird, so halte ich es doch nicht für gelegen, diese Streitfrage hier zu behandeln, solange man mich in Ruhe lässt. Ich verspreche im Allgemeinen, dass ich nichts sagen werde, was ein Unrecht gegen die Heilige Schrift bedeuten würde, und wenn Kopernikus* mit mir eines solchen beschuldigt würde, so würde ich das nicht gelten lassen. Das war immer meine feste Ansicht, seit ich das Werk des Kopernikus über die Umläufe kennen gelernt habe. Da ich daher in dieser Hinsicht durch keinerlei religiöse Bedenken gehindert war, dem Kopernikus zu folgen, wenn das, was er vorträgt, wohl begründet ist, wurde mein Glaube an ihn zuerst durch die schöne Übereinstimmung erweckt, die zwischen allen Himmelserscheinungen und den Anschauungen des Kopernikus besteht.

(aus: *Mysterium cosmographicum,* 1596)

* Nikolaus Kopernikus erkannte, dass das geozentrische System für die Vorhersage der Planetenpositionen wenig geeignet war. Seit etwa 1507 erarbeitete er das heliozentrische System, mit der Sonne als ruhendem Zentrum des Planetensystems.

Mein Ziel ist es, zu zeigen, dass die himmlische Maschine nicht eine Art von göttlichem beseeltem Wesen ist, sondern eine Art Uhrwerk (und wer glaubt, dass eine Uhr eine Seele hat, schreibt dem Werk die Eigenschaften seines Schöpfers zu), insofern alle seine vielfältigen Bewegungen durch eine einfache magnetische und materielle Kraft verursacht werden, genauso wie die Bewegungen der Uhr durch ein einfaches Gewicht. Und auch zu zeigen, wie diese physikalischen Ursachen zahlenmäßigen und geometrischen Ausdruck finden.

(aus: *Astronomia nova,* 1609)

Referieren Sie über N. Kopernikus und seine Bedeutung für die Astronomie.

Man schaffe Schiffe und Segel, die sich für die Himmelsluft eignen. Dann wird es auch Menschen geben, die die öden Weiten des Raumes nicht zurückschrecken.

(aus: *Harmonia mundi,* 1610)

1. Zeigen Sie die Entwicklung im Denken Keplers anhand der drei Textstellen. Unterstreichen Sie die Schlüsselbegriffe.
2. Informieren Sie sich über die naturwissenschaftlichen Veröffentlichungen dieser Zeit von Galilei, Newton, Leibniz im Konversationslexikon bzw. in Geschichtsbuch-Tabellen.
3. Gegen welche herkömmlichen Denkmuster hatten Kepler und andere anzukämpfen? Welche Gefahren ergaben sich? Fertigen Sie eine einfache Liste an.
4. Tragen Sie weitere naturwissenschaftliche und technische Entwicklungen der Zeit zusammen. Stellen Sie eine zweite (Positiv-)Liste auf.

Exerzierübungen mit der Lanze

Wie in den Bereichen Astronomie/Mathematik und Sprachpflege, so ergriff dieser forschende und erfindende Geist viele Gebiete der Wissenschaften und der handwerklichen Technik. Das Heerwesen und die Fortifikation, der Schiffbau, die Navigation, die Architektur und die Bauplastik, die Gartenkunst ebenso wie die Stadtplanung wurden weiterentwickelt.

MAN EHRT UND MEHRT UND LEHRT / GOTT, KUNST UND POESIE – DAS BEMÜHEN UM DIE DEUTSCHE SPRACHE

Das Gefühl war weit verbreitet, die deutsche Sprache sei zu weniger fähig als die übrigen Sprachen in Europa. Also sei „das deutsche Vaterland" auch weniger angesehen. Dies zu ändern war das erklärte Ziel der Sprachgesellschaften, deren sich bis 1677 neun zusammenfanden, über ganz Deutschland verteilt von Königsberg bis Straßburg. Martin Opitz war, wie andere auch, Mitglied in mehreren dieser „Orden", Vereinigungen von Bürgern zur Pflege von Sprache und Kultur. Er wurde berühmt mit seinem *Buch von der deutschen Poeterey,* das er 1624 dem Rat seiner Stadt „Buntzlaw" widmete.

MARTIN OPITZ (1597 BUNZLAU–1639 DANZIG)

Martin Opitz

Er stammte aus einer wohlhabenden Bürgerfamilie. Nach Schulbildung in Bunzlau, Breslau, Görlitz und Beuthen studierte er ab 1618 in Frankfurt / Oder und Heidelberg. 1620 trat Opitz öffentlich für Friedrich V. von der Pfalz, den „Winterkönig", ein. Als Hofmeister bereiste er Holland und Jütland. 1622 wurde er Lehrer in Weißenburg / Siebenbürgen. Ab 1624 war er wieder in Schlesien. Hatte er schon vorher lateinische und deutsche Gedichte veröffentlicht, gab er ab 1624 seine *Teutschen Poemata* und die *Poeterey* heraus. 1625 wurde er in Wien von Kaiser Ferdinand II. zum Dichter gekrönt, 1627 geadelt. Als Berater und politischer Gesandter diente Opitz ab 1626 dem Grafen Dohna, 1633 den schlesischen Herzögen, ab 1636 dem polnischen König in Danzig als Historiograf und Diplomat. Er unternahm viele politische Reisen, wobei er sich mit berühmten Leuten bekannt machte, wie z. B. 1630 mit Hugo Grotius in Paris.

Das Buch von der deutschen Poeterey

EHrenveste / Wolweise / Wolbenamte und Wolgelehrte in besonders günstige HErren /
Was bisanhero von einem unnd dem andern / auch vornemen Leuten /
zum offteren an mich ist begehret worden /
das ich nemlich von unserer Deutschen Poeterey derselben art und zuegehör/
etwas richtiges auffsetzen möchte / habe ich vorwichene tage zue wercke gebracht.

Stellen Sie das unstete Leben des M. Opitz in einem Kurzreferat vor.

Dieses keine 60 Seiten umfassende Büchlein war von ungeheurer Wirkung. Mehr als hundert Jahre lang standen die poetologischen Ansichten des Opitz „im Ansehen unübertrefflicher Mustergültigkeit". Erst Johann Christoph Gottsched sollte Opitzens dann „schiefe und nüchterne Ansichten über Aufgabe und Wesen der Poesie" gründlich reformieren – 1730 aber war eine ganz andere Zeit.
Der Autor widmet die Vorrede Bürgermeister und Rat „der Stadt Buntzlaw", denn er verspricht, er wolle „auch nachmals besten fleißes mich bemühen / an größeren und mehr wichtigen sachen ..." Ruhm und Ehre der Stadt zu mehren. „Kan mir also niemand zue rechte vbel deuten / das ich mein Buntzlaw / ... als ein Kind seine Mutter ehre / und bestes vermögens hand zu wercke lege / wie nicht alleine ich durch das Vaterland / sondern auch das Vaterland durch mich bekandter werde."
Dann behandelt er systematisch die deutsche „Poeterey", die Lehre vom Dichten also, angefangen von der „Invention", dem Einfall, über die passende Wortwahl, die Reime, Strophen, Gedichtformen und deren rechte Verwendung.

MARTINI
OPITII
Buch von der Deutschen
Poeterey.
In welchem alle ihre eigenschafft vnd zuegehör gründtlich erzehlet/vnd mit exempeln außgeführet wird.
Gedruckt in der Fürstlichen Stadt Brieg/bey Augustino Gründern.
In Verlegung David Müllers Buchhändlers in Breßlaw. 1624.

Titelblatt zu *Buch von der Deutschen Poeterey* (1624)

Von den Reimen/ihren Wörtern und Arten der Gedichte

Sorgfältig baut Opitz seine Erörterung auf, immer um konkrete Beispiele bemüht. So gelangt er über die Erörterung der Reime zum Versmaß. Hier widmet er dem Jambus große Aufmerksamkeit. Auf die Versform des Alexandriners und die Gedichtform des Sonetts verwendet er allein 5 1/2 Seiten.

Unter den Jambischen Versen sind die zu föderste zu setzen, welche man Alexandrinische [...] zu nennen pfleget, und werden anstatt der Griechen und Römer heroischen Verse gebraucht [...]
Der weibliche Vers hat dreizehen, der männliche zwölf Silben; [...] Es muss aber allezeit die sechste Silbe eine Zäsur oder Abschnitt haben und masculinae terminationis*, das ist, entweder ein einsilbig Wort sein, oder den Akzent in der letzten Silbe haben [...]

* männliche Endung

Die Erde trinckt für sich / die Bäume trincken erden /
Vom Meere pflegt die lufft / auch zue getruncken werden /
Die Sonne trinckt das Meer / der Monde trinckt die Sonnen;
Wollt dann / jhr freunde / mir das trincken nicht vergonnen?

Das Versmaß der ersten Zeile kann man so aufzeichnen: ∪ – ∪ – ∪ – / ∪ – ∪ – ∪ – ∪.*
Also 3 Jamben, männliche (betonte) Endung / Zäsur/ 3 Jamben, weibliche (unbetonte) Endung; oder: 3Jm/3Jw.

* – = betonte, ∪ = unbetonte Silbe

1. Zeichnen Sie das Versmaß der übrigen drei Zeilen ebenso auf.
2. Tragen Sie das Reimschema ein; benutzen Sie für die Notierung die Buchstaben a, b usw.

Ein jeglich Sonnet aber hat vierzehn Verse, und gehen der erste, vierte, fünfte und achte auf eine Endung des Reimens aus; der andere, dritte, sechste und siebente auch auf eine. [...] Die letzten sechs Verse aber mögen sich [...] schränken wie sie wollen; [...]

Im folgenden Sonett zeigt Opitz, wie er selbst die abstrakte theoretische Formforderung zu höchster gedanklicher Konzentration und bildhafter Genauigkeit des Ausdrucks bringen konnte.

Ich wil diß halbe mich

Ich wil diß halbe mich / was wir den Cörper nennen /
Diß mein geringstes Theil / verzehren durch die Glut /
Wil wie Alcmenen Sohn* mit vnverwandtem Muth
Hier diese meine Last / den schnöden Leib / verbrennen /

Leib *symbolisch vernichtet durch Liebesglut*

* Alkmenes Sohn = Herakles (Herkules)

Den Himmel auff zu gehn: mein Geist beginnt zu rennen
Auff etwas bessers zu. diß Fleisch / die Hand voll Blut /
Muß außgetauschet seyn vor ein viel besser Gut /
Daß sterbliche Vernunfft vnd Fleisch vnd Blut nicht kennen /

Geist erhebt sich zum Licht

Mein Liecht entzünde mich mit deiner Augen Brunst /
Auff daß ich dieser Haut / des finstern Leibes Dunst /
Des Kerckers voller Wust vnd Grawens / werd entnommen /

entzündet vom Liebesblick

Vnd ledig / frey vnd loß / der Schwachheit abgethan /
Weit vber alle Lufft vnd Himmel fliegen kan
Die Schönheit an zu sehn von der die deine kommen.

erblickt er die Quelle edler Schönheit = Gött-liches

3. Zeichnen Sie das ganze Sonett nach beiden metrischen Verfahren und mit Reimschema auf (vgl. S. 17).
4. Zeichnen Sie nach dem Muster der ersten Strophe auf, auf welche Weise gedanklich der Teilaspekt des Themas in jeder Strophe – Quartett oder Terzett – durchgearbeitet wird.
5. Versuchen Sie anhand Ihrer Notizen eine zusammenhängende Interpretation des Gedichtes zu schreiben.

Auf andere Weise, weniger theoretisch-lehrhaft, dafür praktisch ausübend und die Geselligkeit pflegend, betrieben die Mitglieder des „Pegnesischen Blumenordens“ in Nürnberg die Dichtkunst. Sein Beispiel strahlte auf ganz Deutschland aus.

DER LÖBLICHE HIRTEN- UND BLUMENORDEN AN DER PEGNITZ

1644 gründete Georg Philipp Harsdörffer (1607–1658), ein Nürnberger Patrizier und als Jurist am Gericht der Reichsstadt tätig, zusammen mit dem Lehrer und Prediger Johann Klaj den „Löblichen Hirten- und Blumenorden an der Pegnitz“. Er hatte in Altdorf und Straßburg Jura, Sprachen, Philosophie und Geschichte studiert und war durch die Niederlande, Frankreich, England und Italien gereist. Seit 1655 war er Nürnberger Ratsherr. Er schrieb u.a. lateinische und deutsche geistliche und weltliche Lieder sowie die *Frauenzimmer-Gesprächsspiele,* eine Anleitung zu gebildeter Konversation.
1647 erschien der erste Band seines Buches *Poetischer Trichter / Die Teutsche Dicht- und Reimkunst / ohne Behuf der lateinischen Sprache / in VI Stunden einzugiessen,* ein zweiter Band folgte vier Jahre später. In der Vorrede zu diesem zweiten Band werden Begabung und Gelehrsamkeit als Voraussetzung und die Kunstausübung als das Eigentliche der Poeterey erklärt. Letzterer widmete sich eifrigst die Gemeinschaft der Frauen und Männer aus bürgerlich-gelehrten Kreisen der Reichsstadt Nürnberg, zuerst unter Harsdörffers Leitung, zwischen 1662 und 1681 unter der Präsidentschaft des unermüdlichen Sigmund von Birken (1626–1681). – Das Motto des „Pegnesischen Blumenordens“ lautete:

Georg Philipp Harsdörffer (nach Sandrart)

Man ehrt und mehrt und lehrt / Gott, Kunst und Poesie /
Denn das ist Ordens-Zweck / der kunstgekrönten Hirten /
Die an der Pegnitz nun / zur Blumenweide gehen.

Sigmund von Birken: *Pegnesis* (1684)

1. Verfassen Sie eine Bildbeschreibung zu *Pegnesis:* Beschreiben Sie dabei die Einzelheiten, die den Charakter dieser idyllischen Landschaft konstituieren.

Die Vorrede zum 1. Band des *Poetischen Trichters* beklagt zunächst, was viele in der Jugend verlacht, somit nicht gelernt hätten, müssten sie im Alter als Fehler erkennen. Ob aus Mangel an Geld, Gelegenheit oder Motivation sei gleichviel, sie verfügten jedenfalls nicht über eine „natürliche Fähigkeit zur Poeterey".

Sie fordert darauf, ein Gelehrter müsse aber diese Fähigkeit haben, und zwar in der Muttersprache, um „aller Orten" verstanden und beliebt zu werden. Und der „gemeine Mann" könne durch „geistliche Lieder zur Erweckung hertzbrünstiger Andacht" gelangen.

Drittens fügt sie an, was „mit Rath und Verstand vorzunehmen ist, muss notwendig zu einer Kunst gezogen", also gründlich und systematisch betrieben werden.

Wie gegenwartsgewendet, wissenschaftlich-forschend, ja geradezu volksaufklärerisch die Ausführungen gemeint sind, unterstreicht die Versicherung, hier habe man statt großer dicker Werke eine verständige Anleitung, „und zwar so deutlich, dass es jeder Knab in kurzer Zeit wird fassen können" – und die sechs Stunden könnten ja auch auf drei bis vier Tage verteilt werden, damit nicht „das Gedächtnis überhäuffet" werde.

Zurückhaltender werden in der Vorrede zum 2. Band Grundvoraussetzungen herausgestellt:

Poetischer Trichter

1. DAß zu der Poeterey absonderliche seltne Gaben der Natur / und die Erkundigung fast aller Wissenschaften vonnöthen / kan aus allen wolverfasten und leswürdigen Gedichten beglaubet werden. Die natürliche Fähigkeit solcher Kunst bestehet in einem darzu gleichsam gewidmeten Verstand: Dann gleich wie nicht ein jeder / der redet und gehet / singen oder springen kan / weil seine Stimme / und seine Füsse darzu nicht schicklich / also kan auch nicht ein jeder ein Trauer- oder Freudenlied zu Papier setzen / darauß Feuer und Geist erhelle / dardurch er den Namen eines Poeten verdienen möchte.

[...]

7. Auf den Hohenschulen werden zwar die Poeten erkläret / aber der Grund der Dichtkunst / und die Anleitung denselben nachzuahmen / wird / so viel mir wissend ist / gäntzlich auf die Seiten gesetzet. [...]

2. Welche Aussage/n ist/sind im Sinne des Textes zutreffend?
Kreuzen Sie an und begründen Sie.

☐ a) Man muss zur Poeterei geboren sein.
☐ b) Man muss als Dichter seine natürlichen Anlagen ausbilden.
☐ c) Wissen ist eine schöne Ergänzung zur allgemeinen Bildung eines Dichters.
☐ d) Seine natürliche Begabung befähigt den Dichter zu Aussagen über seine Zeit.
☐ e) Solide, wissenschaftlich fundierte Bildung erst ermöglicht sinnvolle Aussagen in Gedichten.
☐ f) Leswürdig ist ein Gedicht, wenn es schön ist.
☐ g) Äußere gelungene Form und lebenswichtige Sachaussage machen ein leswürdiges Gedicht.
☐ h) Dichten ist mehr als Gelegenheitsverse machen.
☐ i) Zum Dichten gehört die rationale Hinwendung und Ausbildung des Verstandes zur Kunst.
☐ j) Kunst kommt von Können, nicht von Wollen ...
☐ k) Zu Kunst wird ein Gedicht durch seine äußere perfekte Form.
☐ l) Kunstvoll wird ein Gedicht durch inhaltliche Richtigkeit und durch überzeugende sprachliche Aussage.
☐ m) Je schicklicher die Versfüße, desto eher erfreut das Gedicht Geist und Gefühl.

Von Harsdörffer / Klaj stammt folgendes pegnesisches Gedicht, das in einer utopischen Schäferszenerie die Vision des schrecklichen Krieges schildert, wie sie „das arme und in letzten Zügen liegende Teutschland" erfährt.

Pegnesisches Schäfergedicht in den Berinorgischen Gefilden

Als sie nun solchem Geschrey nachgiengen / funden sie in der Nähe die Melancholische Schäferin Pamela / die ihr sicherlich einbildete / sie were das arme und in letzten Zügen liegende Teutschland. In dieser Raserey ließ sie sich vernemen nachfolgender Schwarmreden:

Es schlürfen die Pfeiffen / es würblen die Trumlen /
Die Reuter und Beuter zu Pferde sich tumlen /
Die Donnerkartaunen* durchblitzen die Lufft /
Es schüttern die Thäler / es splittert die Grufft /
Es knirschen die Räder / es rollen die Wägen /
Es rasselt und prasselt der eiserne Regen /
Ein jeder den Nechsten zu würgen begehrt /
So flinkert / so blinkert das rasende Schwert.

* die Kartaune: schweres Geschütz

3. Stellen sie aus diesem Visionsgedicht die Prädikate und die dazugehörenden Subjekte in einer Tabelle zusammen.
4. In einem anderen Gedicht wird eine Waldwiese beschrieben: hell glänztendes Silber; astige Linden; weit streiffende Schatten; brennende Strahlen … – Nach welchem Prinzip werden die Adjektivattribute gebaut? Bauen Sie einige nach!
5. Führen Sie das Spiel mit Verben aus einem Sachgebiet Ihrer Wahl fort, z. B. Feuer, Rauch, Kriegsgeschrei, Geschrei der Flüchtenden, Tiere, Gewitter …

FÜRST LUDWIG ZU ANHALT-KÖTHEN UND DER PALMENORDEN

1617 gründete Fürst Ludwig zu Anhalt-Köthen in Weimar eine aus Adligen und nichtadlig-bürgerlichen Mitgliedern bestehende Gesellschaft nach Art der florentinischen „academia crusca" (Kleie-Akademie), deren Mitglied er selbst seit 1600 war. Das (sprachliche und gedankliche) Mehl sollte von der Kleie geschieden werden, auch in der neuen Gesellschaft; die Mitglieder sollten „ehrbar, nützlich und ergeblich" sein und handeln. Das Hauptaugenmerk dieser „Fruchtbringenden Gesellschaft" lag auf der Pflege der deutschen Sprache, die als Grundlage der kulturellen und zivilisatorischen Entwicklung im Konzert der europäischen Kultursprachen Latein, Französisch, Spanisch, Holländisch und Englisch dringend der Pflege und der bewussten Weiterentwicklung bedurfte.

Zu den bürgerlichen gelehrten Mitgliedern gehörten dann (in der Reihenfolge ihrer Aufnahme): Martin Opitz; Georg Philipp Harsdörffer; Justus Georg Schottel; Johann Michael Moscherosch; Johann Rist; Friedrich von Logau; Philipp von Zesen; Georg Neumark; Andreas Gryphius.

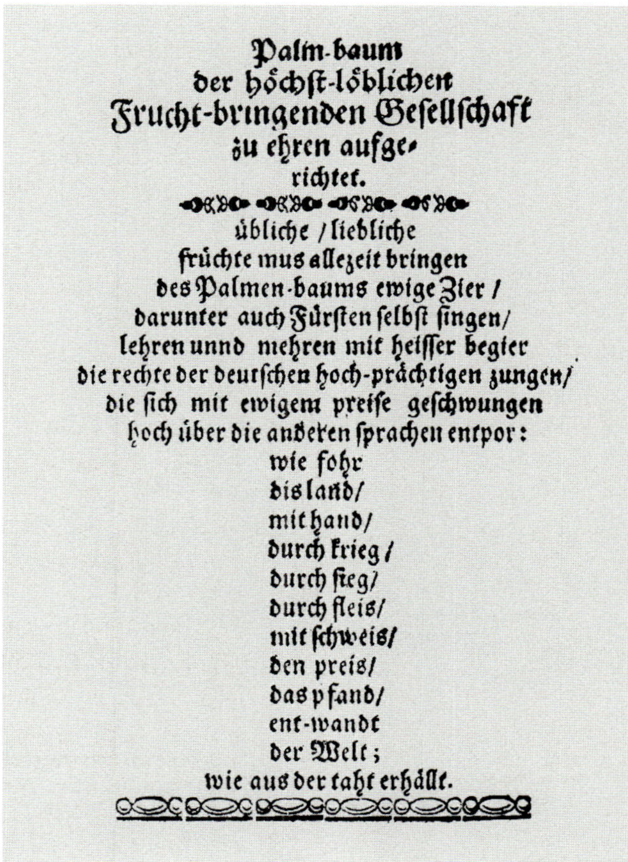

Palm-baum
der höchst-löblichen
Frucht-bringenden Gesellschaft
zu ehren aufge-
richtet.
übliche / liebliche
früchte mus allezeit bringen
des Palmen-baums ewige Zier /
darunter auch Fürsten selbst singen/
lehren unnd mehren mit heisser begier
die rechte der deutschen hoch-prächtigen zungen/
die sich mit ewigem preise geschwungen
hoch über die anderen sprachen entpor:
wie fohr
dis land/
mit hand/
durch krieg /
durch sieg/
durch fleis/
mit schweis/
den preis/
das pfand/
ent-wandt
der Welt;
wie aus der taht erhällt.

Philipp von Zesen: *Palmbaum* (Figuren-Gedicht; 1649)

Kurtzer Bericht der Fruchtbringenden Gesellschafft

Zweck und Vorhaben

[…] darbey aber ferner erwogen worden /weil unsere weitgeehrte / hochdeutsche Muttersprache / so wol an alter / schönen und zierlichen Reden / als auch an überfluß eigentlicher und wolbedeutlicher Wort / so jede Sachen besser als die Frembden recht zu verstehen geben können /einen nicht geringen vorzug hat […]

[…] Worauff dann folgends also bald unterschiedliche Personen in diese Gesellschafft eingetretten / und deren eigentlicher zweck und meynung kürtzlich auff nechst folgende zwey Puncten gerichtet / und zusammen gezogen worden.

Erstlichen daß sich ein jedweder in dieser Gesellschafft / erbar /nütz- und ergetzlich bezeigen / und also überall handeln solle / bey Zusammenkünfften gütig / frölig / lustig und erträglich in worten und wercken sein / auch wie darbey keiner den andern ein ergetzlich wort für übel auffzunehmen / also sol man sich aller groben und verdrießlichen reden / und schertzes darbey enthalten.

Fürs ander / daß man die Hochdeutsche Sprache in jhren rechten wesen und standt / ohne einmischung frembder außländischer wort / auffs möglichste und thunlichste erhalte / und sich so wohl der besten außsprache im reden / alß der reinesten art im schreiben und Reimendichten befleißigen.

1. Formulieren Sie die Kernsätze unter „Erstlichen" und „Fürs ander" in heutigem Deutsch. Achtung: „Ergetzlich" ist nicht gleich „ergötzlich"; „erbar" ist nicht nur „ehrbar"!
2. Sie arbeiten in der Duden-Redaktion; fertigen Sie einen Entwurf der Arbeitsvorhaben im Jahr 2002 zum Sachgebiet der deutschen Alltagssprache.

Kling-Gedichte
Auf die Fruchtbringende Geselschaft/
Das Gemählde ist
Ein Indianischer Nus-oder Palmenbaum:
Das Wort:

Alles zu Nutzen.

Komt/lernt vom Palmenbaum' ihr/die ihr euch begeben
In die Geselschaft wolt / wie ihr es stellet an/
Das euch Fruchtbringend' heiß' und halt' ein iederman/
Ihr müsset seiner frucht in allem folgen eben:
Fast alles/was bedarf der Mensch in seinem leben/
Bringt vor der baum/draus man Nehnadeln machen kan/
Garn/Seile/Stricke/Schiff'/ auch Mast und Segel dran/
Wein/Eßig/Brantewein/öhl seine früchte geben/
Brot/Zucker/Butter/Milch/Keeß': aus der Rinde wird
Ein Becher/Leffel/Topff: Ein blat von ihm formirt
Dachschindeln/Matten auch von ihm geflochten werden:
In iedem Monat' Er vor neüe früchte bringt:
Wol dem/der/gleich wie er darnach nur strebt und ringt/
Das er in allem Frucht und Nutzen bring' auf Erden.

links:
Matthäus Merian d. Ä.: Emblem der Fruchtbringenden Gesellschaft (1646)

rechts:
Kling-Gedicht auf die Fruchtbringende Gesellschaft

3. Informieren Sie sich in Lexika, Literaturgeschichten usw. über jedes auf Seite 21 genannte Mitglied der Fruchtbringenden Gesellschaft.
Referieren Sie kurz über Vita und Werk je eines Sprachforschers und eines Liederdichters.
4. Fertigen Sie eine Liste der Gegenstände, die aus dem Palmbaum gewonnen werden können. Das Kling- Gedicht hilft dabei; z. B.: Garn, Seile und Stricke aus den Fasern des Palmblatts.
5. Erörtern Sie miteinander, ob die Grundeinstellung der Fruchtbringenden Gesellschaft eine reine Nützlichkeits-Einstellung ist oder nicht.

WAS IST ALLES DIES ALS SCHLECHTE NICHTIGKEIT – DIE WELTVERNEINENDE SICHT

„Zeitalter der Gegenreformation und des Dreißigjährigen Kriegs" (Valentin, *Deutsche Geschichte)* ist die Bezeichnung der Historiker für das 17. Jahrhundert.
Damit ist die Haupterfahrung der Zeitgenossen genannt: die Unsicherheit und Wechselhaftigkeit aller Verhältnisse, der FORTUNA. Man verlor den Boden unter den Füßen. „Es ist alles eitel*" formuliert Andreas Gryphius in der Überschrift eines Sonetts dieses Gefühl der VANITAS. „Wir sind doch nunmehr ganz, ja mehr denn ganz verheeret" fasst ein anderes Sonett mit dem Titel *Tränen des Vaterlandes* die Kriegserfahrung in ein bedrückendes Bild.
Daseinsangst und die Gewissheit der christlichen Erlösung waren zwei mögliche Reaktionen auf diese Grunderfahrung. Im MEMENTO MORI sind beide formuliert: „Der Mensch, das Spiel der Zeit …" beginnt ein weiteres Sonett. Trost spendete dagegen das christliche Bewusstsein, in der Gemeinschaft der Kirche im Glauben geborgen zu sein: IN DEO PAX, wie es Herzog Anton Ulrich in seinem Sterblied ausdrückt.
Ohne Transzendenz, innerweltlich, war die Antwort, die auf stoisches Hinnehmen des Unausweichlichen setzte, dabei aber die Zeit ausnützen und genießen wollte: CARPE DIEM …, so hatte schon Horaz (Ode 1,11) diesen Gedanken formuliert. Opitz beginnt: „Ach Liebste, lass uns eilen …".
TUGEND, constantia und virtus, als moralisch fundierte Selbstbestimmung des Individuums – in Freundschaft und Liebe, in Lebensführung und Kunstausübung – ist eine andere typische Antwort des Barock. „Sich selbsten überwinden ist der allerschwerste Krieg" fasst Friedrich Logau diese Anforderung ins Epigramm. Angelus Silesius denkt noch radikaler innerweltlich..
Lange Zeit hat man diese auf den ersten Blick so gegensätzlichen Haltungen als den barocken Gegensatz bezeichnet, den „Dualismus" von Weltverneinung und Weltlust. Neuere Forschung betont indessen, wie sich diese Haltungen gegenseitig durchdringen. Im Lied Paul Gerhardts wird das sehr deutlich. Dem barocken Autor geht es nicht in erster Linie – wie dem Dichter seit der Goethezeit – um individuelles Erleben, Denken, Empfinden. „Was dem barocken Dichter ganz persönlich wichtig erscheint, kann er nur dann zum Ausdruck bringen, wenn sich die subjektive, das ist die eigene persönliche Erfahrung, auch als typisch, allgemein erweist. Auf diese allgemeine Weise wird sie nämlich als gültig bestätigt. In Analogien, Vergleichen, Gleichnissen, eben in emblematischen Ausdrücken und in allegorischen Bildern wird eigene Erfahrung fassbar – und nur so ist sie auch überindividuell darstellbar, also auch mitteilbar." So drückt Albrecht Schöne diese grundsätzliche Erkenntnisbedingung des barocken Dichters aus.

*hier: im Sinne von „hinfällig, nutzlos"

fortuna: Schicksal, Zufall, wandelbares Glück
vanitas: Vergeblichkeit, Misserfolg
Memento mori: wörtlich: „Denke daran, dass du sterblich bist!"
In deo pax: „In Gott ist Frieden, Geborgenheit, Sicherheit, Ruhe."
Carpe diem: „Nutze den Tag!"
constantia: Charakterfestigkeit, Stetigkeit, Beharrlichkeit
virtus: hier im Sinne von „Sittlichkeit"

ANDREAS GRYPHIUS (1616 GLOGAU–1664 GLOGAU)

Gryphius – Greif – galt als ein Wunder der Gelehrsamkeit. Er verstand elf Sprachen, darunter Latein, Griechisch, Französisch, Italienisch, Holländisch. Zuerst war er als Hauslehrer beim kaiserlichen Pfalzgrafen von Schönborn tätig, wurde 1637 zum „poeta laureatus" gekrönt und geadelt. Danach studierte und lehrte er an den Universitäten Amsterdam und Leiden u. a. Logik, Geographie, Geschichte, Mathematik, Astronomie, unternahm ab 1644 ausgedehnte Reisen durch die Niederlande, Frankreich und Italien. 1650 wurde er oberster Rechtsberater und Verwaltungsbeamter der Adelsversammlung des Fürstentums Glogau.
Als Lyriker (Sonette und Epigramme), Tragödien- und Lustspielverfasser wurde er der wohl bekannteste deutsche Barockdichter. Seit 1662 war er Mitglied – mit dem Beinamen „der Unsterbliche" – der „Fruchtbringenden Gesellschaft".

Andreas Gryphius

Es ist alles eitell

DV sihst / wohin du sihst nur eitelkeit auff erden.
Was dieser heute bawt / reist jener morgen ein:
Wo itzund städte stehn / wird eine wiesen sein
Auff der ein schäffers kind wird spilen mitt den heerden.
Was itzund prächtig blüht sol bald zutretten werden.
Was itzt so pocht vndt trotzt ist morgen asch vnd bein.
Nichts ist das ewig sey / kein ertz kein marmorstein.
Itzt lacht das gluck vns an / bald donnern die beschwerden.
Der hohen thaten ruhm mus wie ein traum vergehn.
Soll den das spiell der zeitt / der leichte mensch bestehn.
Ach! was ist alles dis was wir für köstlich achten /
Als schlechte nichtikeitt / als schaten staub vnd windt.
Als eine wiesen blum / die man nicht wiederfindt.
Noch wil was ewig ist kein einig mensch betrachten.

Es ist alles eitel

Du siehst, wohin du siehst, nur Eitelkeit auf Erden.
Was dieser heute baut, reißt jener morgen ein;
Wo jetzund Städte stehn, wird eine Wiese sein,
Auf der ein Schäferskind wird spielen mit den Herden.

Was jetzund prächtig blüht, soll bald zertreten werden;
Was jetzt so pocht und trotzt, ist morgen Asch und Bein;
Nichts ist, das ewig sei, kein Erz, kein Marmorstein.
Jetzt lacht das Glück uns an, bald donnern die Beschwerden.

Der hohen Taten Ruhm muss wie ein Traum vergehn.
Soll denn das Spiel der Zeit, der leichte Mensch, bestehn?
Ach, was ist alles dies, was wir für köstlich achten,

Als schlechte Nichtigkeit, als Schatten, Staub und Wind,
Als eine Wiesenblum, die man nicht wiederfind't!
Noch will, was ewig ist, kein einig Mensch betrachten.

1. Was ist gemeint?
   - „das Spiel der Zeit, der leichte Mensch"(Z.10): Formulieren Sie Sätze!
   - „schlechte Nichtigkeit" (Z.12): Suchen Sie mindestens einen anderen Ausdruck.
   - „Schatten, Staub und Wind"(Z.12): Finden Sie aktuelle Vergleiche?
   - „Eitelkeit" (Z.1): Umschreiben Sie den Begriff in mehreren Sätzen.
2. Sie sind eine Künstlerin/ein Künstler des Barock und sollen dieses Gedicht für eine Prachtausgabe von Gryphius illustrieren …

Ebenbild unsers Lebens

* während, solange

Der Mensch, das Spiel der Zeit, spielt weil* er allhie lebt
Im Schauplatz dieser Welt; er sitzt, und doch nicht feste.
Der steigt und jener fällt, der suchet die Paläste,
Und der ein schlechtes Dach; der herrscht und jener webt.

Was gestern war, ist hin; was itzt das Glück erhebt,
Wird morgen untergehn; die vordem grünen Äste
Sind nunmehr dürr und tot; wir Armen sind nur Gäste,
Ob denen ein scharf Schwert an zarter Seide schwebt.

Wir sind zwar gleich an Fleisch, doch nicht von gleichem Stande:
Der trägt ein Purpurkleid, und jener gräbt im Sande,
Bis nach entraubtem Schmuck der Tod uns gleiche macht.

Spielt denn dies ernste Spiel, weil es die Zeit noch leidet,
Und lernt, dass wenn man vom Bankett des Lebens scheidet,
Kron, Weisheit, Stärk und Gut sei eine leere Pracht!

3. Unterstreichen Sie alle Antithesen in dem Gedicht.
4. Ordnen Sie sie nach den Oberbegriffen: inhaltlicher Gegensatz, zeitlicher Gegensatz. Listen Sie auf; Doppelnennungen sind möglch.
5. Erläutern Sie die sprachliche Bildung jeder Antithese.
6. Ist dieses Sonett Ihrer Ansicht nach gesellschaftskritisch?

Martin Opitz
Ach Liebste, lass uns eilen

Ach Liebste, lass uns eilen,
Wir haben Zeit:
Es schadet das Verweilen
Uns beiderseit.
Der edlen Schönheit Gaben
Fliehn Fuß für Fuß,
Dass alles, was wir haben,
Verschwinden muss.
Der Wangen Zier verbleichet,
Das Haar wird greis.
Der Äuglein Feuer weichet,
Die Brunst wird Eis.
Das Mündlein von Korallen
Wird ungestalt,
Die Händ als Schnee verfallen,
Und du wirst alt.
Drum lass uns jetzt genießen
Der Jugend Frucht,
Eh dann wir folgen müssen
Der Jahre Flucht.
Wo du dich selber liebest,
So liebe mich,
Gib mir, dass, wann du gibest,
Verlier auch ich.

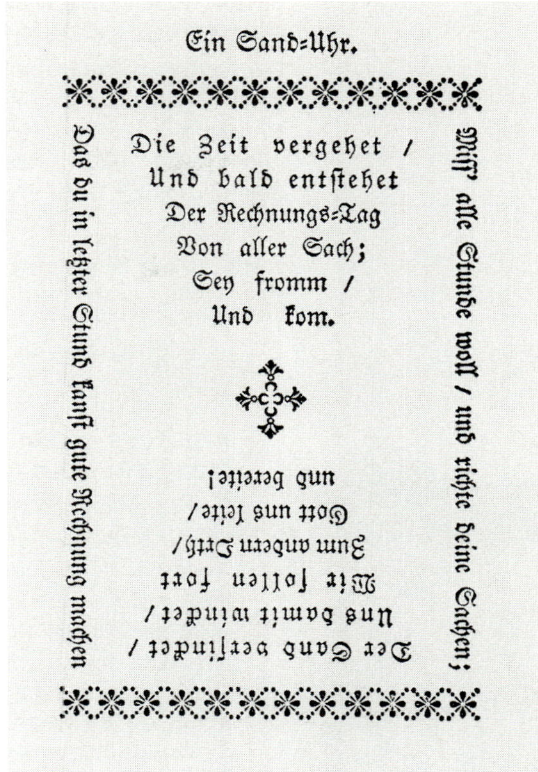
Ein Sand=Uhr.

Die Zeit vergehet /
Und bald entstehet
Der Rechnungs=Tag
Von aller Sach;
Sey fromm /
Und kom.

und bereite!
Gott uns leite /
Zum andern Orth /
Wir sollen fort
Uns damit windet /
Der Sand verſindet /

Das du in letzter Stund kanst gute Rechnung machen
Miß alle Stunde wol / und richte deine Sachen;

Theodor Kornfeld: *Sanduhr* (Figuren-Gedicht; 1685)

Anton Ulrich von Braunschweig
Sterblied

1. Es ist genug! Mein matter Sinn
Sehnt sich dahin,
Wo meine Väter schlafen.
Ich hab es endlich guten Fug,
Es ist genug!
Ich muss mir Rast verschaffen.

2. Ich bin ermüd't, ich hab geführt
Die Tagesbürd:
Es muss einst Abend werden.
Erlös mich, Herr, spann aus den Pflug,
Es ist genug!
Nimm von mir die Beschwerden.

3. Die große Last hat mich gedrückt,
Ja schier erstickt
So viele lange Jahre.
Ach lass mich finden, was ich such.
Es ist genug!
Mit solcher Kreuzesware.
[…]

5. So nimm nun, Herr! hin meine Seel,
Die ich befehl
In deine Händ und Pflege.
Schreib sie ein in dein Lebensbuch.
Es ist genug!
Dass ich mich schlafen lege.

6. Nicht besser soll es mir ergehn,
Als wie geschehn
Den Vätern, die erworben
Durch ihren Tod des Lebens Ruch.
Es ist genug!
Es sei also gestorben.

7. Wie verstehen Sie die erste und die letzte Zeile des Gedichts von Opitz? Formulieren Sie das Ergebnis in jeweils einem Satz.
8. Ist das Gedicht ein Liebesgedicht?
9. Zeichnen Sie diese Bilder im *Sterblied:* Strophe 1, Zeile 6; Str. 2, Z. 4; Str. 3, Z. 1; Str. 5, Z. 3; Z. 4; Z. 6. Zuerst als Illustration, dann als emblematisches Bild!
10. Gedicht-Vergleich:
    – Erarbeiten Sie den Gedankengang im *Sterblied.*
    – Schreiben Sie einen Vergleich von *Sterblied* und *Sanduhr.*
11. Zum Figuren-Gedicht *Sanduhr:* Versuchen Sie eine Umdichtung. Statt des „Memento mori" formulieren Sie das „Carpe diem".

FRIEDRICH VON LOGAU (1604 BROCKUTH,NIEDERSCHLESIEN–1655 LIEGNITZ)

Der niederschlesische Freiherr und Gutsbesitzer war Regierungsrat am Hof des Herzogs von Brieg. Er war Mitglied des Palmenordens. In seinem Werk *Deutscher Sinn-Getichte Drey Tausend* (3 Bde., 1654) übte er scharfe Kritik am moralischen und religiösen Zerfall durch Krieg und Konfessionsstreit sowie an der sozialen Ungerechtigkeit seiner Zeit durch Prunk am Hofe, Modetorheiten und Ausbeuten der Bauern.

Sich selbst besiegen

Sich selbselbsten überwinden, ist der allerschwerste Krieg;
Sich selbselbsten überwinden, ist der allerschönste Sieg.

Angelus Silesius

ANGELUS SILESIUS (1624 BRESLAU–1677 BRESLAU)

Er hieß eigentlich Johann Scheffler, war protestantisch und studierte von 1643 bis 1648 in Straßburg, Leiden und Padua, promovierte dort zum Dr. phil. und med. 1649 wurde er der Leibarzt des Herzogs zu Oels, wo er auch mit Mystikerkreisen in Berührung kam. 1652 kehrte er nach Breslau zurück, wurde katholisch, war seit 1654 kaiserlicher Hofarzt – und wurde 1661 zum Priester geweiht. Ein Hofmarschallamt des Fürstbischofs von Breslau gab er zurück und lebte zurückgezogen als Liederdichter und Epigrammatiker. Sein Hauptwerk, *Der Cherubinische Wandersmann, Geistreiche Sinn- und Schlussreime,* erschien zuerst 1657. Es reiht Einsichten und Augenblicksgedanken zum Verhältnis von Mensch und Gott aneinander. Seine Kirchenlieder sind noch heute lebendig.

Der Cherubinische Wandersmann

Zufall und Wesen

Mensch, werde wesentlich; denn wenn die Welt vergeht,
So fällt der Zufall weg, das Wesen, das besteht.

Der Himmel ist in dir

Halt an, wo läufst du hin, der Himmel ist in dir;
Suchst du Gott anderswo, du fehlst ihn für und für.

1. Formulieren Sie selbst einige Sinn-Sprüche. Beachten Sie: Das Thema muss Ihnen ganz persönlich wichtig sein. Die Form ist Ihnen dagegen nicht freigestellt; sie liegt fest!

Paul Gerhardt

PAUL GERHARDT (1607 GRÄFENHAINICHEN–1676 LÜBBEN)

Gerhardt hatte in Wittenberg Theologie studiert. Er war überzeugter Lutheraner. Als er 1657 Pfarrer an der Berliner Nikolaikirche wurde, geriet er bald in Widerspruch zu den Bestrebungen seines Landesherrn, des Kurfürsten Friedrich Wilhelm, des „Großen Kurfürsten", der Lutherische und Reformierte in einer „evangelischen Union" vereinen wollte. Paul Gerhardt wurde 1666 nach Lübben im Spreewald versetzt, was ihn sehr kränkte. Er gab aber nicht klein bei. Seine mehr als 130 geistlichen Lieder wurden durch die Gesangbücher seines Freundes und Verlegers Johann Crüger weit bekannt. Bis heute werden die frommen, dabei schlichten und theologisch genauen Texte im Gottesdienst gesungen. Viele davon, z. B. *Nun ruhen alle Wälder* und *Geh aus mein Herz* sind zu perönlichen Erbauungsliedern geworden.

Sommergesang

8. Ich selber kann und mag nicht ruhn,
des großen Gottes großes Tun
erweckt mir alle Sinnen;
ich singe mit, wenn alles singt,
und lasse, was dem Höchsten klingt,
aus meinem Herzen rinnen.

12. Doch gleichwohl will ich, weil* ich noch
hier trage dieses Leibes Joch,
auch nicht gar stille schweigen;
mein Herze soll sich fort und fort
an diesem und an allem Ort
zu deinem Lobe neigen.

15. Erwähle mich zum Paradeis
und lass mich bis zur letzten Reis'
an Leib und Seele grünen:
So will ich dir und deiner Ehr
allein und sonsten keinem mehr
hier und dort ewig dienen.

* solange

Das Gedicht erschien zuerst 1656 in Johann Crügers Gesangbuch. Seitdem wird es im Gottesdienst gesungen; es gibt mehrere Melodien.

1. Interpretieren Sie, indem Sie dem Gedankengang des Gesamttextes folgen.
2. Singen Sie alle Strophen des *Sommergesangs* laut miteinander – eine seltene Erfahrung!
3. Einige Anregungen zur vertiefenden Weiterarbeit:
   - Aus welchen Überlegungen heraus wird „die Welt" in einigen Gedichten als „schöner Schein", als „Eitelkeit", „Vanitas" usw. bezeichnet?
     Formulieren Sie diese Begriffe in heutiges Deutsch um.
   - Gibt es in den Gedichten auch eine „Gegenposition", auf die man Hoffnung setzen könnte? Ist sie in allen Gedichten zu finden?
     Formulieren Sie sie mit eigenen Worten!
   - Verfolgen Sie in dem Gedicht von Opitz (S. 25) den Gedankengang genau. (Beispiele für die Kennzeichnung der Textvernetzung s. S. 18.)
4. Für Spezialisten, Musiker und Interessierte:
   1727 vertonte Johann Sebastian Bach für seine Kantate BW 82 den Text eines anonymen Autors. Zugrunde liegt Lukas 2,22–32: Simeon und die Darstellung Jesu im Tempel. Der Text beginnt: „Ich habe genug / Ich habe den Heiland, das Hoffen der Frommen / Auf meine begierigen Arme genommen / Ich habe genug!"
   Vergleichen Sie den Text der Bach-Kantate mit dem *Sterblied* von Anton Ulrich (S. 25).

ES WIRD DER BLEICHE TOD MIT SEINER KALTEN HAND … – DIE SATIRISCHE SICHT AUF DIE WELT

Gnomen-Galerie (Neuwaldeck/Wien)

Die weltverneinende Sicht hat fast zwangsläufig eine Rückseite: die satirische Betrachtung der Menschen. Sie ist immer auch drastisch, schockierend, direkt. Wir finden diese Sicht z. B. in den so genannten Gnomen-Galerien barocker Schlösser, in ganzen Kapiteln barocker Romane, vor allem aber in vielen Gedichten. Ihre eigentümliche Form erreicht die Satire im bissigen Epigramm. Inhaltlich wird so gut wie kein Lebensbereich verschont, so z. B. der Umgang mit der Zeit, die Konfessionsstreitigkeiten, die Zweifelhaftigkeit von Nachkriegsjustiz, die Modetorheiten und der Verfall der schicklichen Sitten; direkt bösartig muten uns Heutige einige Grabinschriften an.

In den zahlreichen Abbildungen auf Backmodeln wird neben der sittlichen Entrüstung aber auch der unbändige Spaß am Spott und das Akzeptieren des Tatsächlichen, wie es nun mal ist, sichtbar.

Die Sichtweisen von „vanitas mundi", „carpe diem" und „memento mori" verbinden sich zu einem oszillierenden Mosaik; sie sind nicht länger sich ausschließende Gegensätze.

Gnomen-Galerie:
schießender Kavalier

Auf den mancherley zeit-vertreib

Wie wunderlich wird nicht die lange zeit vertrieben!
Der eine bringt sie zu mit schlägen / der mit lieben /
Dort jenem macht music / dem kartten-spiel vergnügen
Der sieht zum fenster nauß / ein ander fänget fliegen.
Der läufft die stub entzwey / der schnitzelt an der wand
Und jener beisset sich die nägel von der hand.
Noch andre suchen noch was anders auszuüben.
Wie wunderlich wird nicht die lange zeit vertrieben !

(Anonym)

1. Dichten Sie eine „moderne" weitere Strophe!

Glauben

Luthrisch / Päbstisch und Calvinisch / diese Glauben alle drey
Sind verhanden; doch ist Zweiffel / wo das Christenthum dann sey.

(Friedrich von Logau)

Genieß-Leute deß Friedens

Wer wird / nun Friede wird / bey solcherley verwüsten
Zum ersten kummen auff? Die Hencker und Juristen.

(Friedrich von Logau)

Gnomen-Galerie:
Zuckerblasen

2. Kritisieren Sie mit mindestens einem Epigramm einen gesellschaftlichen oder politischen Missstand unserer Zeit. – Vielleicht ergibt das ja eine kleine Sammlung von Zeit-Gedichten?

Von den entblösten Brüsten
Frauen-Volck ist offenhertzig; so wie sie sich kleiden jetzt
Geben sie vom Berg ein Zeichen / dass es in dem Thale hitzt.
(Friedrich von Logau)

Grabinschrift eines gehenckten Seilers
Was diesen Leib erhält; kan oft den Leib verterben
Ich lebte von dem strick / und must am strick ersterben.
(Andreas Gryphius)

Grabinschrift eines Hundts
Die Diebe lieff ich an / den Buhlern schwig ich stille
So ward vollbracht deß Herrn und auch der Frauen wille.
(Martin Opitz)

Grabinschrift eines alten bösen weibes
Ein schädlich basilisck / ein grimmig tieger- thier
Ein weib / das wie ein hund zum beißen trug begier
Und in dem leben hat gleich einer sau gerochen
Die ist in dieses loch nur allzu spät gekrochen.
(Anonym)

Backmodel (1760/70)

3. Jede Satire urteilt von einer moralischen Position aus. Formulieren Sie für jeden der obigen Texte bzw. jedes der Bilder diese „Grundmoral".
4. Versuchen Sie sich an einem eigenen satirischen Figuren-Gedicht (vgl. dazu: Sanduhr, Totenbahre, Palmbaum).

An diesem letzten Beispiel zeigt sich, wie schnell Satire in ihr Gegenteil, in die Zustimmung zum eigentlich Kritisierten und Abgelehnten, umschlagen kann. Es bedarf nur einer kleinen Verschiebung der moralischen Grundeinstellung, die dem satirischen Urteilen zugrunde liegt: Im vorliegenden Fall kommt der – sonst als leidvoll und ungerecht beklagte – Tod sehr gelegen.

Der Text auf dem Backmodel lautet:

O Tod du hast diesmahl
verstant halt sie nur fest bey
ihrer hand nicht wahr mein neu
Schatz …

Backmodel (1782)

CARPE DIEM – NÜTZE DEN TAG

Überwiegen nicht auch in den Darstellungen der Gnomen-Galerie (S. 28) die Spottlust und die Schadenfreude über die „Moral"? Wenn nun gar der bedichtete Gegenstand selbst einen gesellschaftlich oder religiös anerkannten Wert darstellt, wie z. B. der Rang einer Person oder wie die Liebe, kann die weltverneinende Sichtweise ganz ausgeblendet werden. Es bleibt die reine Freude am Leben und Lieben, das „Carpe diem". Nicht immer entstehen so die besten Verse …

Anonym

Allegorisch Sonnet

Amanda liebstes Kind / du Brustlatz kalter Herzen,
der Liebe Feuerzeug / Goldschachtel edler Zier,
Der Seufzer Blasebalg / des Traurens Löschpapier
Sandbüchse meiner Pein / und Baumöl meiner Schmerzen,

Du Speise meiner Lust / du Flamme meiner Kerzen,
Nachtstühlchen meiner Ruh / der Poesie Klistier*,
Des Mundes Alicant◆ / der Augen Lustrevier,
Der Komplimenten Sitz / du Meisterin zu scherzen

Der Tugend quodlibet* / Kalender meiner Zeit,
Du Andachtsfackelchen / du Quell der Fröhlichkeit,
Du tiefer Abgrund du voll tausend guter Morgen,

Der Zungen Honigseim / des Herzens Marzipan,
Und wie man sonsten dich mein Kind beschreiben kann.
Lichtputze◆ meiner Noth / und Flederwisch* der Sorgen.

* Spritze für einen Darmeinlauf
◆ Alicant: süßer, dunkelroter Wein aus der span. Provinz Alicante
* Quodlibet = von allem etwas, wörtl. „Wie es gefällt"
◆ Schere zum Abschneiden eines Kerzendochtes
* Staubwedel

1. Dichten Sie noch ein Quartett dazu mit Vergleichen aus dem heutigen Alltag!

Christian Hofmann von Hofmannswaldau

CHRISTIAN HOFMANN VON HOFMANNSWALDAU (1617 BRESLAU–1679 BRESLAU)

Der Sohn eines kaiserlichen Kammerrats besuchte das Gymnasium in Breslau, dann Danzig, studierte darauf die Rechte in Leiden. Danach bereiste er als fürstlicher Begleiter, sog. „Hofmeister", die Niederlande, England, Frankreich, Italien. Zurück von dieser Bildungsreise erhielt er in Breslau eine Ratsherrenstelle, wurde selbst (1657) kaiserlicher Rat und schließlich 1677 Präsident des Ratskollegiums. Der gebildete, weltgewandte und sprachenkundige Mann schrieb weltliche und geistliche Lieder, Oden sowie galante Verse.

Albanie

Albanie gebrauche deiner Zeit
Und lass den Liebeslüsten freien Zügel.
Wenn uns der Schnee der Jahre hat beschneit,
So schmeckt kein Kuss, der Liebe wahres Siegel.
Im grünen Mai grünt nur der bunte Klee.
Albanie …

E
1. Beurteilen Sie dieses Gedicht.
2. Lesen Sie weitere Gedichte von Hofmannswaldau und stellen Sie eines davon vor.

Überauß lustig und männiglich nutzlich zu lesen

Der pikarische oder Schelmen-Roman heißt nach der Heldenfigur. Im Spanischen bedeutet „Picaro" so viel wie Gauner. Landstörzer ist das deutsche Wort dafür. Im Mittelpunkt steht die Figur dieses fahrenden Landstreichers, der durch die Welt treibt, sie in all ihren Gegenständen, Stärken und Schwächen erlebt. Er ist ein verschlagener, „er-fahrener" Nichtstuer, der sich überall anpasst. Er versteht es virtuos, überall durchzukommen, wobei er auch nicht ganz einwandfreie Mittelchen keineswegs verschmäht. Dabei erlebt er die Welt als Individuum, baut seine Erkenntnis von der Welt aus seiner Lebenserfahrung zusammen. Aber: Die Welt, die er erlebt – sei sie nun adlig an den Höfen oder bürgerlich in den Städten, sei sie bäuerlich auf dem Lande oder exotisch im Ausland und in fremden Erdteilen oder sei sie gar fantastisch-utopisch in Feenreichen und Märchenregionen – diese Welt ist von vornherein eine verderbte. Dem Picaro geht es aber um sein Seelenheil, nicht um moralisches oder politisches Leben in dieser Welt; der hält er satirisch den Spiegel vor. Seine Bekenntnisse bewirken die Entlarvung der Welt. In dieser Absicht sind sich die Figur des Ich-Erzählers und der Autor einig (was zu einem verwirrenden Perspektivenspiel führen kann). Unter diesen Bedingungen wird Weltflucht – Einsiedlertum zum Beispiel – eine Rettungsmöglichkeit auf dem Weg zum Jenseits.
So gesehen ist der pikarische Held Heilssubjekt „zwischen den Koordinaten einer religiös-sittlichen Wertung". Der Roman selbst aber ist Bild und zugleich Gegenbild von der Unvollkommenheit der Welt. Die aber ist der Raum, in dem sich der Mensch zu bewähren hat.

DER ABENTEUERLICHE SIMPLICISSIMUS – DIE BESCHREIBUNG DES LEBENS EINES SELTSAMEN VAGANTEN

1668 erschien in Nürnberg bei J. Felßecker der wohl bedeutendste Prosatext der Barockzeit, ein Roman: *Der Abenteuerliche Simplicissimus Teutsch.* Sein Titelblatt (s. S. 32) enthält gleich vier Unwahrheiten. Es sollte bis 1838 dauern, dass die germanistische Forschung als Autor den Renchener Schultheißen Hans Jakob Christoph von Grimmelshausen (1621/22 Gelnhausen–1676 Renchen) nachwies.

Grimmelshausen wurde früh Waise und von durchziehenden Truppen als Pferdeknecht aus seinem Heimatort Gelnhausen verschleppt. Er wurde Musketier und brachte es schließlich zum Schreiber des kaiserlichen Festungskommandanten von Offenburg, Freiherrn von Schauenburg. In dessen Diensten blieb er als Gutsverwalter auch nach Kriegsende. 1650 – ein Jahr nach seiner Heirat – ließ er sich in Gaisbach im Renchtal nieder. Ab 1667 war er der Schultheiß der Stadt Renchen.

Grimmelshausen (nach einem Kupferstich von 1670)

Halten Sie ein Kurzreferat über das Leben und das Werk des Autors Grimmelshausen.

Titel-Kupfer von 1669

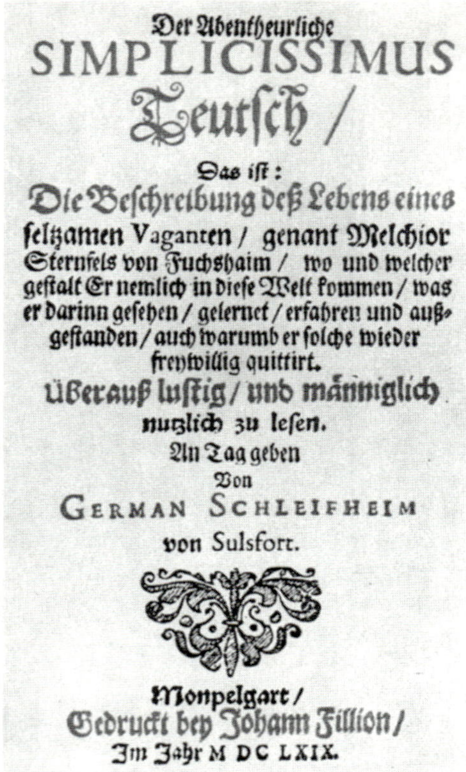

Der Abentheurliche
SIMPLICISSIMUS
Teutsch /
Das ist:
Die Beschreibung deß Lebens eines
seltzamen Vaganten / genant Melchior
Sternfels von Fuchshaim / wo und welcher
gestalt Er nemlich in diese Welt kommen / was
er darinn gesehen / gelernet / erfahren und auß-
gestanden / auch warumb er solche wieder
freywillig quittirt.
Überauß lustig / und männiglich
nutzlich zu lesen.
An Tag geben
Von
GERMAN SCHLEIFHEIM
von Sulsfort.
Monpelgart /
Gedruckt bey Johann Fillion /
Im Jahr M DC LXIX.

Titelblatt (1669)

1. Listen Sie die Einzelteile auf, aus denen die Titel-Emblemfigur sich zusammensetzt, und bringen Sie sie mit der Aussage der Subscriptio zusammen.
2. Welche vier Unwahrheiten sind im Titelblatt versteckt?
3. Erörtern Sie – nur aus der Kenntnis von Titelblatt und Titel-Kupfer sowie der Mitteilungen über den pikarischen Roman – mögliche Folgerungen und Vermutungen über Inhalte des Buchs.

E

ZU DIESER UNSERER ZEIT – SELTSAMKEITEN IN DER WELT EINES HERANWACHSENDEN

Recherche für Interessierte als Grundlage für ein Kurzreferat vor der Klasse:
- Verschaffen Sie sich einen groben Überblick über die Autoren und Titel barocker Romane (dtv-Atlas, Literaturgeschichten, Fachlexika).
- Warum wohl liest heute kaum noch jemand diese Romane?

Im I. Buch wird der Leser in 24 kleinen „Kapiteln" – jeweils circa 3,5 Druckseiten stark – mit den ersten Stationen aus der Lebensgeschichte des Helden bekannt gemacht. Episodenhaft wird erzählt, mit Zeitsprüngen. Deutlich wird, dass die Lebensgeschichte des Heranwachsenden nicht wichtiger ist als die Umstände, in denen er aufwächst („von Essensspeis, Hausrat und andern notwendigen Sachen"), sich durchschlägt („Simplicius tut den ersten Sprung in die Welt, mit schlechtem Glück"), davonkommt („... von der Gefängnus und der Folter errettet worden"), die er beurteilt („dem ... Simplicio kommt in der Welt alles seltsam vor ...") und erleiden muss („... handelt abermal von nichts anders als der Säuferei ..."). – Ein buntes, abwechslungsreiches Bild entsteht vor den Augen des Lesers, der selbst entscheiden muss, ob er Wahres oder Erfundenes, Fantastisches oder nur Zugespitztes kritisch serviert bekommt.

Es eröffnet sich zu dieser unserer Zeit (von welcher man glaubt, dass es die letzte seie) unter geringen Leuten eine Sucht, in deren die Patienten, wann sie daran krank liegen und so viel zusammengeraspelt und erschachert haben, dass sie neben ein paar Hellern im Beutel ein närrisches Kleid auf die neue Mode, mit tausenderlei seidenen Banden, antragen können, oder sonst etwan durch Glücksfall mannhaft und bekannt worden, gleich rittermäßige Herren und

adeliche Personen von uraltem Geschlecht sein wollen; da sich doch oft befindet, dass ihre Voreltern Taglöhner, Karchelzieher* und Lastträger: ihre Vettern Eseltreiber: ihre Brüder Büttel und Schergen: ihre Schwestern Huren: ihre Mütter Kupplerin, oder gar Hexen: und in Summa, ihr ganzes Geschlecht von allen 32 Anichen* her, also besudelt und befleckt gewesen, als des Zuckerbastels* Zunft zu Prag immer sein mögen; [...]
Solchen närrischen Leuten nun mag ich mich nicht gleichstellen, ob zwar, die Wahrheit zu bekennen, nicht ohn ist, dass ich mir oft eingebildet, ich müsse ohnfehlbar auch von einem großen Herrn, oder wenigst einem gemeinen Edelmann, meinen Ursprung haben, weil ich von Natur geneigt, das Junkernhandwerk* zu treiben, wann ich nur den Verlag* und den Werkzeug darzu hätte. Zwar ohngescherzt, mein Herkommen und Auferziehung lässt sich noch wohl mit eines Fürsten vergleichen, wann man nur den großen Unterscheid nicht ansehen wollte. Was? Mein Knan (dann also nennet man die Vätter im Spessert) hatte einen eignen Palast, so wohl als ein anderer, ja so artlich, dergleichen ein jeder König mit eigenen Händen zu bauen nicht vermag, sondern solches in Ewigkeit wohl unterwegen lassen wird; er war mit Leimen* gemalet und anstatt des unfruchtbaren Schiefers, kalten Blei und roten Kupfers mit Stroh bedeckt. [...]

* Karchel= Kerze
* Vorfahren, Ahnen
* Zuckerbastel war der Anführer einer Räuberbande in Prag
* sich wie ein Ritter benehmen
* Verlag: hier im Sinne von Werkstatt, Produktionsstätte
* Lehm

1. Unterstreichen Sie die Stellen, an denen der Leser erkennen kann, dass dieser Romananfang ironisch und satirisch gemeint ist.

Systematisch nun wird im I. Buch der Lebenslauf der Heldenfigur aufgebaut:

Das I. Kapitel: Vermeldet Simplicii bäurisch Herkommen und gleichförmige Auferziehung.
Das II. Kapitel: Beschreibet die erste Staffel der Hoheit, welche Simplicius gestiegen, samt dem Lob der Hirten, und angehängter trefflichen Instruktion.
Das III. Kapitel: Meldet von dem Mitleiden einer getreuen Sackpfeif.
Das IV. Kapitel: Simplicii Residenz wird erobert, geplündert und zerstört, darin die Krieger jämmerlich hausen. [...]

Gleich der erste Satz des vierten Kapitels zählt einige Absichten des Erzählers auf: Er will der Reihe nach erzählen, dabei die Wahrheit – hier über die Kriegsgrausamkeiten – sagen und daraus eine Nutzanwendung ziehen für sich und seine Leser:

Wiewohl ich nicht bin gesinnet gewesen, den friedliebenden Leser mit diesen Reutern in meines Knans Haus und Hof zu führen, weil es schlimm genug darin hergehen wird: So erfordert jedoch die Folge meiner Histori, dass ich der lieben Posterität hinderlasse, was vor Grausamkeiten in diesem unserm Teutschen Krieg hin und wieder verübet worden, zumalen mit meinem eigenen Exempel zu bezeugen, dass alle solche Übel von der Güte des Allerhöchsten, zu unserm Nutz, oft notwendig haben verhängt werden müssen: Dann lieber Leser, wer hätte mir gesagt, dass ein Gott im Himmel wäre, wann keine Krieger meines Knans Haus zernichtet und mich durch solche Fahung* unter die Leut gezwungen hätten, von denen ich genugsamen Bericht empfangen? Kurz zuvor konnte ich nichts anders wissen noch mir einbilden, als dass mein Knan, Meuder, ich und das übrige Hausgesind allein auf Erden seie, weil mir sonst kein Mensch, noch einige andere menschliche Wohnung bekannt war, als diejenige, darin ich täglich aus und ein gieng: Aber bald hernach erfuhr ich die Herkunft der Menschen in diese Welt, und dass sie wieder daraus müssten; ich war nur mit der Gestalt ein Mensch, und mit dem Namen ein Christenkind, im Übrigen aber nur ein Bestia! Aber der Allerhöchste sahe meine Unschuld mit barmherzigen Augen an und wollte mich beides, zu seiner und meiner Erkantnus bringen. Und wiewohl er tausenderlei Weg hierzu hatte, wollte er sich doch ohn Zweifel nur desjenigen bedienen, in welchem mein Knan und Meuder, andern zum Exempel, wegen ihrer liederlichen Auferziehung gestraft würden.

*Gefangennahme

Das Erste, das diese Reuter täten, war, dass sie ihre Pferd einstelleten, hernach hatte jeglicher seine sonderbare Arbeit zu verrichten, deren jede lauter Untergang und Verderben anzeigte; dann ob zwar etliche anfiengen zu metzgen, zu sieden und zu braten, dass es sahe, als sollte ein lustig Pankett gehalten werden, so waren hingegen andere, die durchstürmten das Haus unden und oben, ja das heimlich Gemach* war nicht sicher, gleichsam, ob wäre das gülden Fell von Kolchis* darinnen verborgen; andere machten von Tuch, Kleidungen und allerlei Hausrat große Päck zusammen, als ob sie irgends ein Krempelmarkt anrichten wollten, was sie aber nicht mitzunehmen gedachten, wurde zerschlagen; etliche durchstachen Heu und Stroh mit ihren Degen, als ob sie nicht Schaf und Schwein genug zu stechen gehabt hätten, etliche schütteten die Federn aus den Betten und fülleten hingegen Speck, andere dürr Fleisch und sonst Gerät hinein, als ob alsdann besser darauf zu schlafen gewest wäre; andere schlugen Ofen und Fenster ein, gleichsam als hätten sie ein ewigen Sommer zu verkündigen, Kupfer und Zinnengeschirr schlugen sie zusammen und packten die gebogene und verderbte Stuck ein, Bettladen, Tisch, Stühl und Bänk verbrannten sie, da doch viel Klafter dürr Holz im Hof lag, Häfen und Schüsseln musste endlich alles entzwei, entweder weil sie lieber Gebraten aßen, oder weil sie bedacht waren, nur ein einzige Mahlzeit allda zu halten; unser Magd ward im Stall dermaßen traktiert, dass sie nicht mehr daraus gehen konnte, welches zwar eine Schand ist zu melden! Den Knecht legten sie gebunden auf die Erd, stecketen ihm ein Sperrholz ins Maul und schütteten ihm einen Melkkübel voll garstig Mistlachenwasser in Leib: Das nenneten sie ein Schwedischen Trunk, wordurch sie ihn zwungen, eine Partei anderwärts zu führen, allda sie Menschen und Viehe hinwegnahmen und in unsern Hof brachten, unter welchen mein Knan, mein Meuder, und unser Ursele auch waren.

Da fieng man erst an, die Stein von den Pistolen und hingegen an deren Statt der Bauren Daumen aufzuschrauben, und die arme Schelmen so zu foltern, als wann man hätt Hexen brennen wollen, maßen sie auch einen von den gefangenen Bauren bereits in Bachofen steckten und mit Feuer hinder ihm her warn, ohnangesehen er noch nichts bekennt hatte; einem andern machten sie ein Seil um den Kopf und raitelten* es mit einem Bengel* zusammen, dass ihm das Blut zu Mund, Nas und Ohren heraussprang. In Summa, es hatte jeder sein eigene Invention, die Bauren zu peinigen [...]

*Klo-Häuschen

*Goldenes Vlies. In der griech. Mythologie das goldene Fell eines Widders, das die Argonauten eroberten.

*drehen, schrauben

*Holzscheit, Knüppel

Jacques Callot: Marodeure verwüsten ein Dorf (1633)

2. Vergleichen Sie das Bild mit dem Text. Was aus dem Bild finden Sie im Text wieder? – Listen Sie auf.
3. Streichen Sie aus dem Text alle „grausamen" Wörter und ersetzen Sie sie durch „nüchterne". – Kehren Sie dann das Verfahren für einen kleineren Textausschnitt nach eigener Wahl um: sachlich zu emotional.
4. Bilden Sie sich ein Urteil über die Sprache dieses Textauszugs: nüchtern-berichtend; anreißerisch; betroffen; teilnahmslos? Unterstreichen Sie die entsprechenden Ausdrücke bzw. Sätze.
5. Unter welcher generellen Erzählabsicht steht dieses Kapitel? Unterstreichen Sie und formulieren Sie diese Absicht (vgl. den ersten Absatz auf S. 33 unten) in eigenen Worten.

Simplex flieht, entkommt mit knapper Not einem Haufen von 5 Reitern: „Junge, komm heröfer, oder schall mig der Tüfel halen, ick schiedte dick, dat di de Dampff zum Hals utgeht" und verkriecht sich zur Nacht in einem hohlen Baum. Eine Stimme – sie gehört einem Einsiedler – weckt ihn auf und lockt ihn an: „O große Liebe, gegen uns undankbarn Menschen! Ach mein einiger Trost! Meine Hoffnung, mein Reichtum, mein Gott!" Der Einsiedler fragt den verängstigten Jungen nach seiner Herkunft:

Einsiedel: Wie heißest du?
Simpl.: Ich heiße Bub.
Einsiedel: Ich siehe wohl, dass du kein Mägdlein bist, wie hat dir aber dein Vatter und Mutter gerufen?
Simpl.: Ich habe keinen Vatter oder Mutter gehabt.
Einsiedel: Wer hat dir dann das Hemd geben?
Simpl.: Ei mein Meuder.
Einsiedel: Wie heißet dich dann dein Meuder?
Simpl.: Sie hat mich Bub geheißen, auch Schelm, ungeschickter Dölpel, und Galgenvogel.
Einsiedel: Wer ist dann deiner Meuder Mann gewest?
Simpl.: Niemand.
Einsiedel: Bei wem hat dann dein Meuder des Nachts geschlafen?
Simpl.: Bei meinem Knan. […]

6. Wie gehen die Beschreibung im Kapitel IV (S. 33 f.) und dieser Dialog im Kapitel IX nach Perspektive, Sprachbeherrschung und inhaltlichem Wissen zusammen?
7. Finden Sie eine Erklärung für das Missverhältnis und formulieren Sie sie als Randnotiz.

Simplex bleibt beim Einsiedler, der ihn lehrt, sodass er „aus einer Bestia zu einem Christenmenschen" wird. Er lernt „Lesen und Schreiben im wilden Wald", aber auch „von Essensspeis, Hausrat und andern notwendigen Sachen, die man in diesem zeitlichen Leben haben muss". Wichtig wird die religiöse Belehrung auf der Grundlage der Bibel. Und Simplex wird zivilisiert. So heißt es in Kapitel IX:

Ich habe seithero der Sach vielmal nachgedacht, und befunden, dass Aristot. lib. 3 de Anima wohl geschlossen, als er die Seele eines Menschen einer leeren ohnbeschriebenen Tafel verglichen, darauf man allerhand notieren könne, und dass solches alles darum von dem höchsten Schöpfer geschehen seie, damit solche glatte Tafel durch fleißige Impression und Übung gezeichnet, und zur Vollkommenheit und Perfektion gebracht werde […].
Solches alles erwiese ich mit meinem eigenen Exempel, denn dass ich alles so bald gefasst, was mir der fromme Einsiedel vorgehalten, ist daher kommen, weil er die geschlichte Tafel meiner Seelen ganz leer, und ohn einige zuvor hineingedruckte Bildnussen gefunden, so etwas anders hineinzubringen hätt hindern mögen; gleichwohl aber ist die pure Einfalt, gegen andern Menschen zu rechnen, noch immerzu bei mir verblieben, dahero der Einsiedel (weil weder er noch ich meinen rechten Namen gewusst) mich nur Simplicium genennet.

8. Welches Modell von Pädagogik liegt der Unterweisung zugrunde? Vergleichen Sie mit heute: Sieht man die „Seele des Menschen" heute noch als „leere Tafel"? Was bestimmt den Menschen von heute? – Grimmelshausen: Seele des Menschen ist leere Tafel; heute: Anlage, soziales Mileu und Einfluss/Erziehung prägen, usw.
9. Welcher Stellenwert wird der religiösen Erziehung zugewiesen? – Wie begründet Grimmelshausen die Richtigkeit dieser Aufassung? Unterstreichen Sie im Text.

Ulrich Franck: Soldaten überfallen Bauern (1645)

„Zwei Jahr ungefähr, nämlich bis der Einsiedel gestorben", – der sein leiblicher Vater und früher ein adliger Offizier gewesen (vgl. Kap. XXII) – „und etwas länger als ein halbes Jahr nach dessen Tod" bleibt Simplex „in diesem Walde".
Dann folgt er der wachsenden „Begierde, die Welt auch zu beschauen", und gerät sofort in die Klauen des Krieges; er erlebt, wie Bauern einen Soldaten schwer misshandeln, wie kurz darauf andere Soldaten dies an den Bauern grausam rächen.

10. Verfassen Sie eine Ich-Erzählung: Ein Bauer erzählt, wie knapp er entkommen ist.
11. Stellen Sie Vermutungen an über das Selbstwertgefühl eines Musketiers wie auf der nebenstehenden Abbildung.
12. Formulieren Sie dann ein Selbstgespräch des Musketiers über seinen Stand und dessen Bedeutung. (Vgl. dazu auch die „Übungen mit der Lanze", S. 16.)

In Kapitel XV erfahren wir die Meinung Grimmelshausens in der Rolle des Simplex über den Soldatenstand.
Erste Zweifel kommen ihm, „es müssten ohnfehlbar zweierlei Menschen in der Welt sein, so nicht einerlei Geschlecht von Adam her, sondern wilde und zahme wären, wie andere unvernünftige Tier, weil sie einander so grausam verfolgen". Nachts hat er einen langen Traum, eine Vision:

W. Kilians: Musketier (1609)

In solchen Gedanken entschlief ich vor Unmut und Kälte, mit einem hungerigen Magen; da dünkte mich, gleichwie in einem Traum, als wenn sich alle Bäum, die um meine Wohnung stunden, gähling veränderten, und ein ganz ander Ansehen gewönnen; auf jedem Gipfel saße ein Cavallier, und alle Äst wurden anstatt der Blätter mit allerhand Kerlen geziert; von solchen hatten etliche lange Spieß, andere Musketen, kurze Gewehr, Partisanen*, Fähnlein, auch Trommeln und Pfeifen. Dies war lustig anzusehen, weil alles so ordentlich und fein gradweis sich auseinander teilete; die Wurzel aber war von ungültigen Leuten, als Handwerkern, Taglöhnern, mehrenteils Bauren und dergleichen, welche nichtsdestoweniger dem Baum seine Kraft verliehen und wieder von neuem mitteilten, wann er solche zuzeiten verlor; ja sie ersetzten den Mangel der abgefallenen Blätter aus den ihrigen, zu ihrem eigenen noch größeren Verderben; benebens seufzeten sie über diejenige, so auf dem Baum saßen, und zwar nicht unbillich, dann der ganze Last des Baums lag auf ihnen, und druckte sie dermaßen, dass ihnen alles Geld aus den Beuteln, ja hinder sieben Schlossen herfürgieng; wann es aber nicht herfür wollte, so striegelten sie die Commissarios mit Besemen, die man militärische Exekution nennete, dass ihnen die Seufzer aus dem Herzen, die Tränen aus den Augen, das Blut aus den Nägeln, und das Mark aus den Beinen herausgienge; [...]

*Stoßspieß

13. Zeichnen Sie diesen „Ständebaum"!
14. Suchen Sie in (Ihren) Geschichtsbüchern nach Abbildungen dieser barocken Flugblatt-Allegorie.
15. Ist Ihnen eine moderne Fassung eines solchen Ständebaums möglich? Entwerfen Sie ein Schichten-Diagramm.

UNTER WÄHRENDEM DIESEM MEINEM UMSCHWEIFEN – DIE WELT EINES REITER-SOLDATEN

Im II. bis IV. Buch erzählt der Roman, wie Simplex als „Jäger von Soest" in der westfälischen Gegend – und bei einem Abstecher in Paris – sein (Un-)Wesen treibt. Da reiht sich eine Episode an die andere: Es wird gestohlen, geplündert, „Ehre und Beute" gemacht; Simplex wird gefangen, wieder befreit; er begegnet aber auch echten Gespenstern, belauscht gar die Hexen bei ihrem „Davonfahren" zum Blocksberg. Natürlich darf auch ein Schatzfund nicht fehlen ... So wird im XVII. Kapitel des zweiten Buchs Folgendes berichtet:

Ausfahrt durch den Kamin

Einsmal zu End des Mai, als ich abermal durch mein gewöhnlich, obzwar verbottenes Mittel, meine Nahrung holen wollte und zu dem Ende zu einem Baurnhof gestrichen war, kam ich in die Küchen, merkte aber bald, dass noch Leut auf waren (Nota, wo sich Hund befanden, da kam ich wohl nicht hin), derowegen sperrete ich die eine Küchentür, die in Hof gieng, angelweit auf, damit wann es etwan Gefahr setzte, ich straks ausreißen könnte; blieb also mausstill sitzen, bis ich erwarten möchte, dass sich die Leut niedergelegt hätten: Unterdessen nahm ich eines Spalts gewahr, den das Küchenschälterlein hatte, welches in die Stuben gieng: ich schlich hinzu, zu sehen, ob die Leut nicht bald schlafen gehen wollten? Aber meine Hoffnung war nichts, dann sie hatten sich erst angezogen, und anstatt des Liechts, ein schweflichte blaue Flamm auf der Bank stehen, bei welcher sie Stecken, Besem, Gablen, Stühl und Bänk schmierten, und nacheinander damit zum Fenster hinausflogen. Ich verwundert mich schröcklich und empfand ein großes Grausen; weil ich aber größerer Erschröcklichkeiten gewohnt war, zumal mein Lebtag von den Unholden weder gelesen noch gehört hatte, achtet ichs nicht sonderlich, vornehmlich weil alles so still hergieng, sondern verfügte mich, nachdem alles darvongefahren war, auch in die Stub, bedachte, was ich mitnemmen, und wo ich solches suchen wollte, und setzte mich in solchen Gedanken auf einen Bank schrittlings nieder. Ich war aber kaum aufgesessen, da fuhr ich samt der Bank gleichsam augenblicklich zum Fenster hinaus und ließ mein Ranzen und Feurrohr, so ich von mir gelegt hatte, vor den Schmierberlohn und so künstliche Salbe dahinden. Das Aufsitzen, Davonfahren und Absteigen geschahe gleichsam in einem Nu! dann ich kam, wie mich bedünkte, augenblicklich zu einer großen Schar Volks, es sei dann, dass ich aus Schrecken nicht geacht hab, wie lang ich auf dieser weiten Reis zugebracht; diese tanzten einen wunderlichen Tanz, dergleichen ich mein Lebtag nie gesehen, dann sie hatten sich bei den Händen gefasst und viel Ring ineinander gemacht, mit zusammgekehrten Rucken, wie man die drei Grazien abmalet, also dass sie die Angesichter herauswarts kehrten; [...] Und gleichwie der Tanz seltsam war, also war auch ihre Musik; auch sange, wie ich vermeinte, ein jeder am Tanz selber drein, welches ein wunderliche Harmoniam abgab; meine Bank, die mich hintrug, ließ sich bei den Spielleuten nieder, die außerhalb der Ringe um den Tanz herum stunden; deren etliche hatten anstatt der Flöten, Zwerchpfeifen und Schalmeien nichts anders als Nattern, Vipern und Blindschleichen, darauf sie lustig daherpfiffen: Etliche hatten Katzen, denen sie in Hindern bliesen und auf dem Schwanz fingerten; das lautet den Sackpfeifen gleich: Andere geigeten auf Rossköpfen, wie auf dem

Michael Herr: Zauberfahrt auf den Blocksberg (Kupferstich, 17. Jh.; Ausschnitt)

besten Diskant, und aber andere schlugen die Harpfe auf einem Kühgeribbe, wie solche auf dem Wasen liegen; [...] und wie dieser Tanz bald aus war, fieng die ganze höllische Gesellschaft an zu rasen, zu rufen, zu rauschen, zu brausen, zu heulen, zu wüten und zu toben, als ob sie alle toll und töricht gewest wären. Da kann jeder gedenken, in was Schrecken und Furcht ich gesteckt.

*Kröte

In diesem Lärmen kam ein Kerl auf mich dar, der hatte ein ungeheure Krott* unterm Arm, gern so groß als eine Heerpauke, deren waren die Därm aus dem Hindern gezogen und wieder zum Maul hineingeschoppt, welches so garstig aussahe, dass mich darob kotzerte. „Seh hin, Simplici", sagte er, „ich weiß, dass du ein guter Lautenist bist, lass uns doch ein fein Stückgen hören." Ich erschrak, dass ich schier umfiel, weil mich der Kerl mit Namen nennete, und in solchem Schrecken verstummte ich gar, und bildete mir ein, ich läge in einem so schweren Traum, bat derowegen innerliech im Herzen, dass ich doch erwachen möchte, der mit der Krott aber, den ich steif ansahe, zog seine Nasen aus und ein, wie ein kalekutscher Hahn, und stieß mich endlich auf die Brust, dass ich bald darvon erstickte; derowegen fienge ich an überlaut zu Gott zu rufen, da verschwand das ganze Heer. In einem Hui wurde es stockfinster, und mir so förchterlich ums Herz, dass ich zu Boden fiele und wohl 100 Kreuz vor mich machte.

1. Listen Sie Einzelteile dieser Blocksbergszene auf: Ausfahrt, Tanz, Musikinstrumente ... Benutzen Sie die Abbildungen und den Text.
2. Vergleichen Sie diese Vorstellungen mit dem Fragenkatalog auf Seite 77.
3. Ziehen Sie aus den Übereinstimmungen Folgerungen.
4. Zeichnen Sie Einzelheiten nach eigener Wahl. Fertigen Sie eine Bild- Collage mit dem Ziel: Häufung des Widerlichen!

Im XII. Kapitel des dritten Buchs erlebt Simplex etwas Seltsames:

Meine Gewohnheit war, wenn ich so herumterminierte, dass ich alle Weg und Steg, alle Gräben, Moräst, Büsch, Bühel und Wasser beritten, dieselbige mir bekannt machte und ins Gedächtnis fasste, damit wanns etwan an ein oder anderm Ort künftig eine Okkasion setzte, mit dem Feind zu scharmützeln, ich mir des Orts Gelegenheit beides, offensive und defensive zunutz machen könnte. Zu solchem End ritte ich einsmals ohnweit der Stadt bei einem alten Gemäur vorüber, darauf vorzeiten ein Haus gestanden; im ersten Anblick gedachte ich, dies wäre ein gelegener Ort, darin aufzupassen oder sich dahin zu retiriern*, sonderlich vor uns Dragoner, wenn wir von Reutern übermannt und gejagt werden sollten: Ich ritte in den Hof, dessen Gemäur ziemlich verfallen war, zu sehen, ob man sich auch auf den Notfall zu Pferd dahin salviern*, und wie man sich zu Fuß daraus wehren könnte. Als ich nun zu solchem End alles genau besichtigen und bei dem Keller, dessen Gemäur noch rundumher aufrecht stunde, vorüberreuten wollte, konnte ich mein Pferd, welches sonst im Geringsten nichts scheuete, weder mit Lieb noch Leid nicht hinbringen, wo ichs hin wollte; ich sporte es, dass michs daurte, aber es half nichts! Ich stieg ab und führt es an der Hand die verfallene Kellerstegen hinunder, worvon es doch scheuete, damit ich mich ein andermal darnach richten könnte; aber es hufte zurück, so sehr es immer mochte; doch brachte ichs endlich mit guten Worten und Streichen hinunder, und indem ichs striche und ihm liebkoste, wurde ich gewahr, dass es vor Angst schwitzte und die Augen stets in ein Eck des Kellers richtete, dahin es am allerwenigsten wollte und ich auch das Geringste nicht sahe, darob der schlimmste Kollerer hätte wetterläunisch werden mögen. Als ich nun so mit Verwunderung dastunde und dem Pferd zusahe, wie es vor Forcht zitterte, kam mich auch ein solches Grausen an, dass mir nicht anderst wurde, als ob man mich bei den Haaren über sich zöge und einen Kübel voll kalt Wasser über mich abgösse; doch konnte ich nichts sehen, aber das Pferd stellte sich viel seltsamer, also dass ich mir nichts anders einbilden konnte, als ich müsste vielleicht mitsamt dem Pferd verzaubert sein und in demselben Keller mein Ende nemmen; derowegen wollte ich wieder zurück, aber mein Pferd tät mir nicht folgen, dahero wurde ich noch ängstiger, und so verwirrt, dass ich schier nicht wusste was ich tät. Zuletzt nahm ich eine Pistol auf den Arm und band das Pferd an einen starken Holderstock* (der im Keller aufgewachsen war) der Meinung, aus dem Keller zu gehen und Leut in der Nähe zu suchen, die meinem Pferd wieder heraufhülfen; und indem ich so hiermit umgehe, fällt mir ein, ob nicht vielleicht in diesem alten Gemäur ein Schatz verborgen läge, dahero es so ungeheur sein möchte? Ich glaubte meinem Einfall, und sahe mich genauer um, und sonderlich in dem Eck, dahin mein Pferd so gar nicht wollte, wurde ich eines Stück Gemäurs gewahr, ohngefähr so groß als ein gemeiner Kammerladen*, welches dem andern alten Gemäur beides, an der Farb und Arbeit nicht allerdings gleichte; da ich aber hinzugehen wollte, wurde mir abermal wie zuvor, nämlich als ob mir alle Haar gen Berg stünden, welches mich in meiner Meinung stärkte, dass nämlich ein Schatz daselbst verborgen sein müsste. […]

*zurückziehen

*retten

Lese-Empfehlung:
Buch III, Kap. VIII: Eine Stadt wird überfallen und geplündert.
Buch IV, Kap. II: In Paris. Ein satirisches Gespräch zwischen Arzt und Adligem.
Buch IV, Kap. III: Simplex als Orpheus. Eine Opern-Comœdia-Beschreibung aus der Froschperspektive.
Buch IV, Kap. V: In Paris im „Venusberg“. Simplex, der „Beau Allemand“, wird als Liebhaber engagiert.

*Holunderstrauch

*Kammerladen: Fensterladen der (Schlaf-)Kammer

5. Unterstreichen Sie im Text, wie die Spannung aufgebaut wird.
6. Lesen Sie die Geschichte – spannend – laut vor!

Aus lauter Angst vor einem Gespenst schießt Simplex seine Pistolen ab, trifft die Mauer, es gibt ein Loch, darin findet er „von Silber, Gold und Edelgesteinen einen solch reichen Schatz“ …; Bauern, vom Feld nahbei durch die Schüsse herbeigelockt, erzählen ihm dann eine „alberne Fabel“ …

7. Trennen Sie die unterschiedlichen Elemente der Schatzfund-Episode: Sage, Anekdote, Schwank, Realbericht, Reflexion, Autorkommentar (z. B. durch Unterstreichen).
8. Schreiben Sie die Geschichte selbst zu Ende!

ERFANDE ICH VOR DIE MENSCHEN EINE ART ZU LEBEN ... – UTOPISCHE ERFAHRUNGEN ÜBER DIESE WELT

Das V. Buch führt, oberflächlich gesehen, in 23 Kapiteln des Simplex Reise durch die Welt fort. Zwei Episoden fallen aber auf: Simplex steigt in die fantastische Geisterwelt des Mummelsees hinab (Kap. XII–XVII), und es wird erzählt „etwas wenigs von den ungarischen Wiedertäufern und ihrer Art zu leben" (Kap. XIX). Diese Gegenbilder zeigen eine andere Welt, eine würdigere Art zu leben. Sie sind der Anlass, dass Simplex „die Welt wieder verlassen" will.

Der Mummelsee

Simplex, inzwischen im Schwarzwald sesshaft geworden und verheiratet, hört die „Relation [hier: Erzählung] etlicher Baursleut von dem wunderbaren Mummelsee" und beschließt, den wunderbaren See zu beschauen, in dessen Tiefe der Mummel, ein vermummter Wassergeist, mit seinem Anhang hausen solle. Von den Wassergeistern eingeladen begibt er sich mit ihnen in den See, das „centro terrae ... und unsere Wohnung, die dein Fürwitz beunruhigt", zu beschauen. Auf dem Weg dorthin ergibt sich (im VIII. Kap.) mit dem „ersten und vornehmsten" dieser Geister, „dessen Kleidung wie lauter Gold und Silber glänzte", ein Gespräch:

[...] fragte ich, ob sie sterbliche Kreaturen wären, die nach der jetzigen Welt auch ein künftiges Leben zu hoffen hätten? Oder ob sie Geister seien, welche solang die Welt stünde, nur ihre anbefohlene Geschäfte verrichteten? Darauf antwortet er: „Wir sind keine Geister, sondern sterbliche Leutlein, die zwar mit vernünftigen Seelen begabt, welche aber samt den Leibern dahinsterben und vergehen [...].

Der Geisterkönig erzählt Simplex nun, wie Gott die Engel als Geister geschaffen, wie sie „sich ihres hohen Adels überhoben", aus Hoffart gefallen seien, wie darauf „eure ersten Eltern von Gott mit einer vernünftigen und unsterblichen Seel zu seinem Ebenbild erschaffen" und zwecks Vermehrung mit einem – sterblichen – Leib versehen wurden. So sei der Mensch mit der allein deshalb erschaffenen Welt belehnt worden „zu Gottes Ehren und seines Nahrung bedörftigen Leibs Aufenthaltung".

[...] uns selbsten aber schätzten wir vor das Mittel zwischen euch und allen andern lebendigen Kreaturen der Welt [...]
Aber ich rede und verstehe hier nichts von der Ewigkeit, weil wir deren zu genießen nicht fähig sein, sondern allein von dieser Zeitlichkeit, in welcher der allergütigste Schöpfer uns genugsam beseligt, als mit einer guten gesunden Vernunft, mit Erkantnus des allerheiligsten Willens Gottes, soviel uns vonnöten, mit gesunden Leibern, mit langem Leben, mit der edlen Freiheit, mit genugsamer Wissenschaft, Kunst und Verstand aller natürlichen Dinge; und endlich, so das allermeiste ist, sind wir keiner Sünd, und dannenhero auch keiner Straf, noch dem Zorn Gottes, ja nicht einmal der geringsten Krankheit unterworfen [...].

Als sich Simplex nach seiner „Heimkunft" in den Wissenschaften umtut, findet er von der Theologie, „dass kein besser Kunst sei, wenn man vermittelst derselbigen Gott liebet und ihm dienet!", und erfindet „nach der Richtschnur derselbigen ... vor die Menschen eine Art zu leben, die mehr englisch als menschlich sein könnte"; ähnlich wie diejenige „auf Manier der Wiedertäufer":

Wann sich nämlich eine Gesellschaft zusammentäte, beides von verehlichten und ledigen, so Manns- als Weibspersonen, die auf Manier der Wiedertäufer allein sich beflissen, unter einem verständigen Vorsteher durch ihrer Hand Arbeit ihren leiblichen Unterhalt zu gewinnen und sich die übrige Zeiten mit dem Lob und Dienst Gottes und ihrer Seelen Seligkeit zu bemühen. [...]
Da war kein Zorn, kein Eifer, kein Rachgier, kein Neid, kein Feindschaft, kein Sorg um Zeitlichs, kein Hoffart, kein Reu!

Herrnhutergemeinde Königsfeld/Schwarzwald (nach A. Benz; 18. Jh.)

Das Buch V schließt im XXIV. Kapitel mit einem langen Text, den Grimmelshausen, wie er selbst angibt, abgeschrieben hat. Simplex sagt darin der Welt Adieu; er wird wieder ein Einsiedler, kehrt also zu seinem Anfang zurück.

„Adjeu Welt, dann auf dich ist nicht zu trauen, noch von dir nichts zu hoffen, in deinem Haus ist das Vergangene schon verschwunden, das Gegenwärtige verschwindet uns unter den Händen, das Zukünftige hat nie angefangen, das Allerbeständigste fällt, das Allerstärkste zerbricht, und das Allerewigste nimmt ein End; also, dass du ein Toter bist unter den Toten, und in hundert Jahren lässt du uns nicht eine Stund leben [...].
Behüt dich Gott Welt, dann in deinem Haus werden die große Herren und Favoriten gestürzt, die Unwürdige herfürgezogen, die Verräter mit Gnaden angesehen, die Getreue in Winkel gestellt, die Boshaftige ledig gelassen, und die Unschuldige verurteilt; den Weisen und Qualifizierten gibt man Urlaub, und den Ungeschickten große Besoldung, den Hinterlistigen wird geglaubt, und die Aufrichtige und Redliche haben keinen Kredit, ein jeder tut, was er will, und keiner was er tun soll. [...]“

Vorschläge für Kurzreferate:
Die ausführlichen Beschreibungen beider utopischer Welten finden sich in Buch V, Kap. XII: Die Geisterwelt im Mummelsee, und Buch V, Kap. XIX: Der Entwurf einer urdemokratischen Gemeinschaft.
- Listen Sie die „Errungenschaften“ dieser beiden „utopischen“ Welten genauestens auf.
  Welches Konzept einer „heilen Welt“ wird hinter diesen Entwürfen sichtbar? Wie begründet es sich jeweils?
- Suchen Sie nach Realisierungen solcher utopischer Konzepte aus der Geschichte. Schlagen Sie in Lexika nach; Stichwörter zu Engel, Geister, Wiedertäufer könnten zusätzlich sein: Hutterische Brüder, Mennoniten, Jesuiten.

1. Nummerieren Sie die Einzelaussagen und überprüfen Sie sie, indem Sie dafür Beispiele anführen, auf die Stichhaltigkeit ihrer Begründungen (z. B.: Warum muss ‚Zeit‘ ‚Vergänglichkeit‘ bedeuten und als solche verworfen werden?).
   Formulieren Sie die Begründungen, die Sie finden, in Thesen oder Gegenthesen.
2. Schreiben Sie für eine der beiden Textstellen eine Gegenargumentation. Benutzen Sie dabei a) den Duktus der Predigt oder b) den Duktus des erörternden Essays.
3. Was verbinden Sie mit dem Bild vom „Rad der Fortuna“?

E

Das Rad der Fortuna. Flugblatt auf Kurfürst Friedrich von der Pfalz, den sog. Winterkönig (1621)

WORAUS ZU SEHEN IST, DASS UNBESTÄNDIGKEIT ALLEIN BESTÄNDIG SEI – WELTFLUCHT ALS WELTFINDUNG

Damit war der Roman an ein schönes Ende gekommen. Wir wissen schon, das blieb nicht so. Grimmelshausen eröffnet die Fortführung *Continuatio / des abenteurlichen / Simplicissimi / oder / Der Schluss desselben* mit zwei Quartetten aus der Feder des Simplex:

O wunderbares Tun! O unbeständigs Stehen,
Wann einer wähnt er steh, so muss er fürter gehen,
O schlüpferigster Stand! dem vor vermeinte Ruh
Schnell und zugleich der Fall sich nähert zu,
Gleichwie der Tod selbst tut; was solch hinflüchtig Wesen
Mir habe zugefügt, wird hierinnen gelesen;
Woraus zu sehen ist dass Unbeständigkeit
Allein beständig sei, immer in Freud und Leid.

Und er fügt eine Rechtfertigung an in Form einer „kleine(n) Vorrede und kurze(n) Erzählung, wie dem neuen Einsiedler sein Stand zuschlug". Er betont, es gehe ihm bei der Erzählung seines Lebenslaufs nicht um Zeitvertreib oder „die Leut zum Lachen bewegen"; die Zeit sei verliehen, „unser Seelenheil zu würken". Auch den oft satirischen Unterton rechtfertigt er: „weil männiglich lieber gedultet, dass die allgemeine Laster generaliter durchgehechlet und gestraft: als die eigne Untugenden freundlich korrigiert werden".
In Summa:

[...] lässt sich aber indessen ein und anderer der Hülsen genügen und achtet des Kernen nicht, der darinnen verborgen steckt, so wird er zwar als von einer kurzweiligen Histori seine Zufriedenheit: Aber gleichwohl dasjenig bei weitem nicht erlangen, was ich ihn zu berichten eigentlich bedacht gewesen [...].

Im Kapitel I setzt sich Simplex dann äußerst kritisch mit dem Leben eines Einsiedlers auseinander: Reue über begangene Sünden stelle diese Sünden als Anfechtungen wieder vor den inneren Blick. Die schöne Schwarzwaldlandschaft im Oppenauer Tal gegenüber von Straßburg und dem Elsass, zumal, wenn er sie durch „mein Perspektiv, dem ich noch nicht resigniert", betrachtet, hält ihn vom Arbeiten und Beten ab. Als seine Einsiedelei bekannt wird, kommen die Leute von nah, dann auch von fern „entweder aus Fürwitz oder Andacht getrieben". Und der Einsiedel hat Überfluss an Speise, wird „je länger je kälter, saumseliger und schlimmer, also dass man mich beinahe einen Heuchler oder heiligen Schalk hätt nennen mögen".

Einsiedelei mitten in der Welt ist also keine nachhaltige Problemlösung. Und so geht Simplex wieder auf Wanderschaft. Was nun folgt, ist eine Weltreise, die auf einer Insel endet. Hier wird dann eine echte Robinsonade erzählt, die erste der deutschen Literatur (nach einem englischen Roman: *Isle of Pines,* 1668, von Henry Neville; der „echte" Robinson, von Daniel Defoe, erblickte erst 1719 das Licht dieser Welt).
Da richten sich zwei Schiffbrüchige auf der Insel ein, mehr schlecht als recht, einer stirbt am Suff – und natürlich kommt schließlich ein Schiff, das ... Nein, so endet die Geschichte nicht. Grimmelshausen führt eine neue Roman-Figur ein: den holländischen Schiffskapitän Joan Cornelissen – den es aber tatsächlich gegeben hat. Der nun verfasst eine „Relation"* vom Simplicissimo an German Schleifheim von Sulsfort, seinen guten Freund (Kap. XXIV–XXVII). Und darin wird erzählt, wie der Inselmensch – das ist natürlich Simplex – sich weigert, seine Insel zu verlassen. Er übergibt aber sein Buch, „welches ein hochteutscher Mann, in einer Insul gleichsam mitten im Meer allein wohnhaftig, wegen Mangel Papiers aus Balmblättern gemacht und seinen ganzen Lebenslauf darin beschrie-

*hier: Bericht

ben", dem Niederländer. Und der erzählt nun genüsslich, wie das alles vor sich gegangen ist: den zweiten Teil der Robinsonade gewissermaßen. Und er gibt auch den Grund an, weswegen „der Teutsche" auf dieser Insel bleiben wolle:

[...] hätte er hier keine Freund, die ihn liebten und bedienten, so hätte er doch auch keine Feinde die ihn hassten, welche beide Art der Menschen einen jeden zum Sündigen bringen könnten, deren er aber beider überhoben, und also Gott desto geruhiger dienen könnte; zwar hätte er anfänglich viel Versuchungen beides, von ihm selbsten und dem Erbfeind aller Menschen erdulten und überstehen müssen, er hätte aber allwegen durch göttliche Gnad in den Wunden seines Erlösers (dahin noch sein einiger Zuflucht gestellt seie) Hilf, Trost und Errettung gefunden und empfangen.

Kapitän Cornelissen schließt:

[...] und halte ich diese Insul vor den allergesündesten Ort in der Welt, weil unser Kranke innerhalb fünf Tagen alle miteinander wiederum zu Kräften kamen, und der Teutsche selbst die ganze Zeit so er daselbst gewesen von Krankheit nichts gewahr worden.

Ende

1. Erörtern Sie die Bedeutung der „Insel" als „Ort der Lösung": Wie stehen Sie dazu?
2. Schreiben Sie einen Brief in der Rolle des Kapitäns, der sich gegenüber der europäischen Öffentlichkeit rechtfertigt, dass er den „Teutschen" nicht mit Gewalt wieder in die Zivilisation zurückbrachte.

Beschluss

Hochgeehrter, großgünstiger lieber Leser etc. Dieser *Simplicissimus* ist ein Werk vom *Samuel Greifnson* vom Hirschfeld, maßen ich nicht allein dieses nach seinem Absterben unter seinen hinderlassenen Schriften gefunden, sonder er bezeugt sich auch selbst [...] auf diesen seinen *Simplicissimum,* welchen er in seiner Jugend zum Teil geschrieben, als er noch ein Musketierer gewesen; aus was Ursach er aber seinen Namen durch Versetzung der Buchstaben verändert, und *German Schleifheim* von Sulsfort an dessen Statt auf den Titul gesetzt, ist mir unwissend; [...] diesen Schluss habe ich nicht hinderhalten mögen, weil er die erste fünf Teil bereits bei seinen Lebzeiten in Druck gegeben. Der Leser leb wohl. Dat. Rheinnec, den 22. Aprilis Anno 1668.

H. I. C. V. G.
P. zu Cernhein.

3. Was bedeutet dieses „Verwirrspiel"?
4. Stimmen Sie zu: „Der Roman ist selbst ein Emblem!"? Was wären dann Inscriptio, Pictura, Subscriptio?

VIEL IST NICHT VON IHM BEKANNT – STIMMEN DER FORSCHUNG

In der literaturhistorischen Forschung ist vieles über den Autor Grimmelshausen geschrieben worden. Wie sehr dabei bis heute Wunschvorstellungen und Zeitgeist vor den nachweisbaren Tatsachen das Bild geprägt haben, zeigt schon die folgende kleine Auswahl von Beurteilungen.

1. Greifnsohn (Samuel) aus Hirschfeld lebte im vorigen Jahrhundert und war in seiner Jugend Musketier. Mehr ist nicht von ihm bekannt, ob er gleich Verschiedenes geschrieben hat.
(Gotthold Ephraim Lessing, 1787)

2. Hauptlehrmeister [Grimmelshausens] war das Leben.
(Otto Roquette, 1862)

3. Grimmelshausens Roman ist „selbst erlebter Bildungsroman", „Bruchstücke einer umfassenden Konfession".
(Josef Nadler, 1912)

4. [...] formte Grimmelshausen „den Roman eines sich entwickelnden Lebens, das von außen und von innen gesehen wird. Er schrieb die Geschichte eines Soldaten und zugleich in ihm einer seiner Erlösung verlangenden Seele, die nach Erdenlust und Weltabenteuer zu Gott einzukehren sucht. Seit Parzival wird hier wieder zuerst die innere Geschichte eines Menschen gegeben, diesmal allerdings in der Form einer Autobiografie. Dennoch decken sich Dichtung und Leben im Roman nicht. Grimmelshausen war ein fabulierender Erzähler, der sich von vielen Quellen anregen ließ und sie sogar wörtlich übernahm. [...] Bei ihm ist alles Natur, Erfahrung, Beobachtung und eigenes Dasein. [...] Die ganze Welt des Krieges ist hier gegenwärtig – gesehen aus dem Lebensgefühl des barocken Menschtums [...]"
(Fritz Martini, 1952)

5. Die Frage nach dem Menschen, nach seiner Bewährung inmitten des Chaos, bewegte ihn noch Jahre nach dem Kriege. [...] Denn diese Frage, inwieweit der Mensch selbst das Weltchaos begründete und vermehrte und inwieweit er die Kraft zum Widerstand und zur Läuterung besaß, diese typische Barockfrage hat Grimmelshausen an sich selbst, an sein eigenes Erleben gestellt. Indem er von sich Rechenschaft fordert, hat er seinen Lebensbericht über die reine Abenteuerlichkeit und den drastischen Humor eines Schelmenromans hinaus zu einer ethischen und religiösen Problemstellung vertieft, die den seelischen Konflikt des barocken Menschen in voller Wahrheit darlegt.
(Hermann Glaser u.a., 1972)

6. Mit dieser Art biografischer Deutung des Werks [...] entstand ein Grimmelshausen-Bild, in dem Dichtung und Wahrheit bunt vermengt waren. Das, was man als Lebensgeschichte ausgab, war in Wirklichkeit eine Stilisierung, die mehr über die Erwartungen und Vorstellungen der Interpreten und ihrer Zeit aussagt als über den Dichter. Was eine Grimmelshausen-Biografie sein sollte, geriet unter der Hand zur Grimmelshausen-Legende, in der Regel zur Glorifizierung des Dichters als Idealfigur.
(Wolfram Mauser, 1973)

Cornelsen

Gibt's noch Fragen?

Aus unserem vielfältigen Angebot präsentieren wir Ihnen hier eine kleine Auswahl. Das komplette Programm finden Sie online – surfen Sie doch mal herein: **www.cornelsen.de**

Romantik – CD-ROM
Panorama der deutschen Literatur. Die multimediale Literaturgeschichte führt aus einem romantischen Salon zu den wichtigsten Figuren dieser Epoche, zu Biografien, einem Lexikon und einer Bibliothek mit etwa 100 Werken der Literatur, Kunst und Musik. ➸

Cornelsen

Das Angebot für Schüler, Studierende und Lehrkräfte: SSL-Lizenzen von Microsoft

Microsoft®

Standardsoftware wie Office 2000 hilft nicht nur in der Schule – man trifft sie auch im späteren Berufsleben immer wieder. Deshalb dürfen SSL-Lizenzen auch nach dem Abschluss weiter benutzt werden. Leichtsinnig ist, wer statt eines Originalprodukts eine Raubkopie benutzt. Das ist nicht nur verboten, es könnten auch Probleme mit der Software z. B. durch einen Virus, der sich mit der Kopie eingeschlichen hat, auftreten. Besser sind da die Microsoft SSL-Lizenzen – Originalsoftware zu besonders niedrigen Preisen.

Grundlagen, Stile, Gestalten der deutschen Literatur
Im Mittelpunkt stehen Autor/in und Werk, eingebettet in die entsprechende Epoche und geprägt von außer- wie innerliterarischen Faktoren. Eröffnet wird jedes Kapitel mit einem breiten historischen und soziokulturellen *Panorama des Zeitalters.* Kommentierte Abbildungen, Querverweise und ausführliche Register runden das Werk ab.

Arbeitshefte zur Literaturgeschichte
Die inhaltliche Struktur *Text – Kontext – Epoche* ist in allen Heften gleich. Die Reihe umfasst zurzeit neun Titel, vom Barock bis zum Expressionismus (siehe Bestellkarte).

Deutsche Gedichte
Die aktuelle Ausgabe der traditionsreichen Anthologie (Echtermeyer/von Wiese) berücksichtigt verstärkt die Dichterinnen und Dichter des 20. Jahrhunderts, wie Paul Celan und Hilde Domin, Ulla Hahn und Thomas Kling.

Abi-Profi Deutsch
Ein Kompendium mit Übungen zum mündlichen und schriftlichen Abitur – Interpretation von Texten, Sachanalysen, Erörterung: Exemplarisch werden Arbeitsschritte vorgeführt und trainiert. Über eine Online-Anbindung erhalten Interessierte aus Zentralabiturländern weitere Infos über spezielle, landesbezogene Anforderungen.

Bestellungen der SSL-Lizenzen sind nur direkt beim Cornelsen Verlag mit **Schulstempel** oder **Immatrikulationsbescheinigung** möglich (keine Lieferung über den Buchhandel).

SSL Office 2000 PREMIUM
Das Paket umfasst die Programme:
- Word 2000
- Excel 2000
- Access 2000
- Powerpoint 2000
- Outlook 2000
- Publisher 2000
- Frontpage 2000
- Photodraw 2000

SSL Windows 2000 o. 98 – update

SSL Office 2000 Professional
Das Paket umfasst die Programme:
- Word 2000
- Excel 2000
- Access 2000
- Powerpoint 2000
- Outlook 2000
- Publisher 2000

SSL Visual Studio 6.0
Das Paket umfasst die Programme:
- Visual Basic 6.0 Professional
- Visual C++ 6.0 Professional
- Visual J++ 6.0 Professional
- Visual InterDev 6.0 Professional
- Visual FoxPro 6.0 Professional

Bestellkarte

Hiermit bestelle ich zur Lieferung wie umseitig ausgewiesen (per Nachnahme oder Bankeinzugsverfahren). Preis zuzüglich Versandkosten.

☐ **Romantik – CD-ROM**
Pentium-PC mit Windows 95. Bestellnr. 908160 ◇ 99,— DM

☐ **Grundlagen, Stile, Gestalten der deutschen Literatur**
638 Seiten, Festeinband. Bestellnr. 638014 47,90 DM

Arbeitshefte zur Literaturgeschichte (mit beigelegten Lösungshinweisen):

☐ **Aufklärung**
88 Seiten, Bestellnr. 611469 19,80 DM

☐ **Sturm und Drang**
88 Seiten, Bestellnr. 611515 19,80 DM

☐ **Weimarer Klassik**
88 Seiten, Bestellnr. 611477 19,80 DM

☐ **Romantik**
88 Seiten, Bestellnr. 611485 19,80 DM

☐ **Frührealismus**
88 Seiten, Bestellnr. 611493 19,80 DM

☐ **Realismus**
88 Seiten, Bestellnr. 611566 19,80 DM

☐ **Literatur um 1900**
88 Seiten, Bestellnr. 611558 19,80 DM

☐ **Expressionismus**
88 Seiten, Bestellnr. 611574 19,80 DM

☐ **Deutsche Gedichte** (Leinen-Einband)
800 Seiten, Bestellnr. 570002 46,90 DM

☐ **Abi-Profi Deutsch**
204 Seiten, Bestellnr. 634825 19,80 DM

Gewünschtes bitte in dem entsprechenden Kästchen deutlich ankreuzen. Alle Titel können auch durch den Buchhandel zum Ladenpreis ohne Versandkosten bezogen werden.
Preisstand 1.1.2001. Änderungen vorbehalten. ◇ = Unverbindliche Preisempfehlung.

Bestellkarte

Hiermit bestelle ich zur Lieferung wie umseitig ausgewiesen (per Nachnahme oder Bankeinzugsverfahren). Preis zuzüglich Versandkosten.

Wichtiger Hinweis zur Bestellung:
Im Falle einer Bestellung, erhalten Sie von uns ein Paket mit einer vorläufigen Lizenz, den Lizenzvereinbarungen und einem Bestellformular für die Software-CD-ROM, die direkt von *Microsoft* an den Kunden ausgeliefert wird. Dieses Bestellformular ist vollständig ausgefüllt und mit den notwendigen Nachweisen versehen (Immatrikulationsbescheinigung, Bescheinigung der Schule oder Hochschule) an das *Microsoft Fulfilment Center* in Holland zu schicken. Ein voradressierter und vorfrankierter Umschlag liegt bei. Der Lieferumfang umfasst die persönliche Lizenz, die mit der Unterschrift des Bestellers gültig wird, und eine CD-ROM mit der Software.

☐ **SSL Office 2000 PREMIUM**
Bestellnr. 908291 ◇ 299,— DM

☐ **SSL Office 2000 Professional**
Bestellnr. 908305 ◇ 259,— DM

☐ **SSL Windows 2000 o. 98 – update**
Bestellnr. 926001 ◇ 139,— DM

☐ **SSL Visual Studio 6.0**
Bestellnr. 926206 ◇ 199,— DM

Gewünschtes bitte in dem entsprechenden Kästchen deutlich ankreuzen.
Preisstand 1.1.2001. Änderungen vorbehalten. ◇ = Unverbindliche Preisempfehlung.

Bitte in Druckschrift komplett ausfüllen

Name / Vorname

Straße / Hausnummer

Postleitzahl / Ort

Datum / Unterschrift der / des Erziehungsberechtigten

Ich bestelle zur Lieferung:

☐ per Nachnahme (Preis zzgl. Versandkosten und 6,50 DM Nachnahmegebühr)

☐ per Bankeinzug (Preis zzgl. Versandkosten)

Kontonummer

Bankleitzahl

Name des Kontoinhabers

Datum / Unterschrift des Kontoinhabers

BK 305

Bitte freimachen

Antwortkarte

Cornelsen

Cornelsen Verlag

14328 Berlin

Bitte in Druckschrift komplett ausfüllen

Name / Vorname

Straße / Hausnummer

Postleitzahl / Ort

Datum / Unterschrift der / des Erziehungsberechtigten

Ich bestelle zur Lieferung:

☐ per Nachnahme (Preis zzgl. Versandkosten und 6,50 DM Nachnahmegebühr)

☐ per Bankeinzug (Preis zzgl. Versandkosten)

Kontonummer

Bankleitzahl

Name des Kontoinhabers

Datum / Unterschrift des Kontoinhabers

BK 313

Bitte freimachen

Antwortkarte

Cornelsen

Cornelsen Verlag

14328 Berlin

7. Gegenüber dem Vanitas-Denken seines Jahrhunderts übt Grimmelshausen Zurückhaltung. Er rühmt ein gottgefälliges, auf Sittlichkeit und Güte gegründetes Zusammenleben der Menschen. Als vorbildlich erscheinen ihm die sozialen Beziehungen der Wiedertäufer. [...] Grimmelshausens Klage über die erlebte Welt erschöpft sich nicht in einer allgemeinen, gleichsam zeitlosen Kritik moralischer Verfallserscheinungen, sondern stößt wiederholt zu deren sozialen Ursachen vor. [...] Das Verhältnis Grimmelshausens zum Christentum ist in seinem Kern durch einen aktiven, auf die Bewältigung sozialer Probleme durch die Menschen gerichteten Humanismus geprägt. Er „misst mit dem Maßstab christlicher Anschauungen und Wertungen, aber er interpretiert sie im Sinne des Bauern, des Plebejers, des arbeitenden Menschen“ (Heinrich Mann).
(Böttcher/Geerdts, 1981)

8. Simplex macht Erfahrungen in der Welt und bildet dabei über Rückschläge, Verirrungen und Verfehlungen eine praktische Klugheit aus, die ihn gegen Fährnisse gefeit macht und tüchtig. Immer wenn er unklug, selbstisch, begierlich und rücksichtslos handelt, geht es schief, erfährt er die Strafe. Hinter einem solchen Leitbild des Lebens stehen jene bürgerlichen Wertvorstellungen von Redlichkeit, Leistung, Bewährung und Tüchtigkeit [...] Neben die Orientierung an Erfahrung und Bewährung tritt der für den christlichen Bürger des 17. Jahrhunderts so elementare Glaube an eine von Gott geordnete Welt, in der dem Menschen – dem einfachen Bürger zumal – ein hohes Maß an Leiden und Qual beigemessen ist. Es ist eine „schnöde Welt“, aus der sich Simplex mit einem „Adieu“ der Erleichterung zurückzieht. Sie ist aber nicht schnöde, weil das Unrecht in ihr herrscht, sondern weil Gott sie unvollkommen geschaffen und dem Menschen zur Bewährung überantwortet hat.
(Wolfram Mauser, 1973)

Eines hiervon sollten Sie tun!

1. Konzipieren Sie einen Kurzvortrag (5 Min.) zu einer der Äußerungen unter 1 bis 3. Sprechen Sie frei!
2. Antworten Sie auf eine der Äußerungen unter 4 bis 8 in Form einer schriftlichen Replik: Referieren Sie die Einzeläußerung, decken Sie die zugrundeliegende Argumentation auf, antworten Sie darauf .
3. Die Kritik in Nr. 6 wendet sich gegen die Überbetonung des Rezeptionsgedankens. Welchen Stellenwert räumen Sie persönlich diesem Aspekt bei der Deutung des Romans ein? Schreiben sie eine kurze erörternde Begründung.
4. Verfassen Sie eine eigene zusammenfassende Würdigung von Roman und Autor.

Ein sehr schöne Comædi ...

Im 17. Jahrhundert war die Lust am Theaterspielen sehr groß. Aus der Menge der überlieferten Dramen- bzw. Aufführungstexte werden im folgenden Kapitel zwei kleine Ausschnitte beispielhaft vorgestellt. Die Gerichtsszene aus Jakob Bidermanns *Cenodoxus* zeigt „die Welt als Theater", was auch umgekehrt lesbar ist: „Theater als Welt". Satirisch-gesellschaftskritisch ist die Geschichte des *Herrn Peter Squentz* von Andreas Gryphius. Der hier gewählte Zugang durch szenisches Spielen deckt am ehesten die Bedingungen und die Absichten dieser Art von barockem Theater auf.

SEHR LUSTIG UND ANNEMBLICH / DARNEBEN AUCH ERSCHRÖCKLICH – DRAMATISCHE INSZENIERUNGEN

*Entweder nützen oder erfreuen wollen die Dichter.

Das horazische „aut prodesse aut delectare volunt poetae"* gilt für jede barocke Literaturgattung. Mit dem Motto aus Shakespeares *Wie es euch gefällt* (II,7) „all the world's a stage, and all the men and women merely players" wird nicht nur die Grundthematik der dramatischen Literatur des Barock formuliert, sondern das charakteristische Lebensgefühl dieser Zeit ins Bild gebracht: die Welt als Schauplatz eines immer währenden Theaters. Dabei hatte das Theater lange Zeit keinen eigenen architektonischen Raum. Erst gegen Ende des Jahrhunderts entstanden an den Höfen der absolutistischen

Shakespeare-Bühne (um 1596)

Deutsche Wanderbühne (1655)

Fürsten „Theaterhäuser", spezielle Räume im Innern der Schlösser. In Deutschland zeugen davon heute noch Celle, erbaut 1683–95 im Schlossturm, München, Residenztheater, erbaut von Cuvilliés 1751 f., und Schwetzingen, erbaut 1752 ff. Dort wurden die Oper, das Ballett und das Schauspiel zu einem speziellen Teil des insgesamt als Theater inszenierten Hoflebens, der höfischen Inszenierung der Repräsentation. Daneben wurde, wie schon im Mittelalter, auf Plätzen gespielt, vor und in den Kirchen sowie in den Wirtshäusern der Städte. Theatralisches Spiel gab es regelmäßig, mindestens zweimal im Jahr in den Gymnasien der Jesuiten. Die Professoren der Philosophie oder Rhetorik hatten dazu die Stücke zu schreiben und die Inszenierung zu betreiben. Die – ausschließlich männlichen – Schüler übernahmen alle Rollen.

Podiumsbühne auf dem Marktplatz

Neben den hoch spezialisierten Bühnenhäusern der Hoftheater mit perspektivischer Kulisse, Prospektgemälden im Hintergrund, Maschinerien aus dem Schnürboden und künstlicher Ausleuchtung spielte man also auch auf einfacheren Podien, hatte bestenfalls eine Terenzbühne – ein Podium mit drei Zugängen im Hintergrund – zur Verfügung, oder gar auf ebener Erde. Die Stücke reichten von der prunkvoll ausgestalteten Oper bis zum einfachen Ein-Personen-Auftritt oder der szenischen Inszenierung einer Bußpredigt auf dem Marktplatz oder in der Kirche.

Jesuitentheater (1659)

1. Beschaffen Sie sich Bildmaterial über barocke Theater und Opern- bzw. Theateraufführungen.
2. Beschreiben Sie den Zusammenhang zwischen der z. T. aufwendigen Technik und Ausstattung sowie der barocken Lust an der Sinnenhaftigkeit in Kunst, Architektur, Sprache.
3. Erörtern Sie im Gesprächskreis einer kleinen Gruppe:
   „Das Spiel mit der Illusion, das Auflösen der sicheren Grenzen zwischen Realität und Schein wird zur besonderen Lust."
   Trifft diese Charakterisierung aus einer Literaturgeschichte das Lebensgefühl des barocken Menschen? Suchen Sie Beispiele aus den Bühnenbildern, aus der Gartenarchitektur, den Stuckarbeiten und der Porträt- und Stillleben-Malerei.
   Formulieren Sie anschließend eine Stoffsammlung für eine schriftliche Erörterung dieses Themas.

E

EWIG VERDAMBT – BIDERMANNS *CENODOXUS*

JAKOB BIDERMANN (1578 EHINGEN–1639 ROM)

Der Jesuit und Professor – zuerst der Philosophie in Augsburg, dann der Rhetorik in München und zuletzt der Theologie in Dillingen – schrieb seine lateinischen Dramen zwischen 1602 und 1618. Legenden und die biblischen Geschichten bilden deren Stoffgrundlage, mit der Bidermann weitgehend frei verfuhr. Der Widerspruch zwischen Schein und Sein war sein bevorzugtes Thema, wie hier im *Cenodoxus,* in dem Motive vom verlorenen Sohn, Faust und Jedermann verarbeitet sind. Die Uraufführung war 1602 im Augsburger Jesuiten-Kolleg; deutsch erschien das Stück erst 1635.
1625 wurde Bidermann vom Ordensgeneral als Bücherzensor nach Rom berufen. Dort starb er 1639. Seine Zeitgenossen schätzten den Dichter auch als Lyriker und Epiker. Seine Werke waren in Deutschland, Frankreich, Italien und den Niederlanden verbreitet.

Bidermanns *Cenodoxus* erzählt in 5 Akten die Geschichte des eitlen und überheblichen Arztes aus Paris, der nach seinem Tod vor das Gericht gestellt und „auß gerechtem Urthel Gottes … ewig verdambt" wird. Nach der Aufführung 1609 in München gingen 14 Hofbeamte – aus Erschütterung – ins Kloster zu Exerzitien, der Hauptdarsteller wurde Jesuit.

Im 5. Akt sitzt Christus zu Gericht über Cenodoxus.
Der Ankläger – es ist der Teufel – klagt lange: „Hoffahrt ist sein Sünd"; der verdiene den Himmel nicht, „Der allzeit nur den Willen mein / Und nie gethon den Willen dein", „der alls gethon was ich nur gwölt / Seim Schöpfer sich zuwider gstölt". Die Berufung zur Seligkeit als Geschöpf Gottes kommentiert er so: „Er aber hat es nur veracht / verworffen und darvon getracht."

CENODOXVS
Der Doctor von Pariß.
Ein sehr schöne
Comædi / von einem verdambten Doctor zu Pariß / durch dessen schröckliches Exempel S. Bruno den Carthäuser Orden angefangen.
Sehr lustig vnd annemblich / darneben auch erschröcklich / vnd dahero sonderlich zu diser Zeit gar nutzlich zu lesen.
Vor etlich Jahren durch den Ehrwürd: P. Iacobum Bidermannum Soc. IESV Theologum in Latein gestellt:
Vnd an jetzt
Durch M. Ioachimum Meichel Brunouiensem, ipsius quondam discipulum; verteutscht.
Getruckt zu München bey Cornelio Leysserio, Churfürstlichen Buchtrucker vnd Buchhandler.
In Verlag deß Teutschen Authoris.
M. DC. XXXV.

Titelblatt zu *Cenodoxus* (1635)

„Zwar war er auch der Tugent gnaigt / hat etlich guete Werck erzaigt / … Für nutzlich kans nit halten ich." „Versündt mit lauter guten Wercken" habe er sich in seiner Geltungs- und Ruhmsucht. Mit all dem habe er sich den Teufeln gleich gesetzt, also gehöre er in die „Ewig höllisch Flamm / Das gleich und gleich fein sey beysamm. Dann diser gehört auch dahin / Oder wir seynd vnbillich drin".

In der 5. Szene wird das Urteil gesprochen. Vorher soll Cenodoxus über sein Tun „Rechnung" geben.
Diese Prüfung kann Cenodoxus nicht bestehen, zumal Christus in einer langen Rede ihm seine eigenen göttlichen Bemühungen entgegenhält: „Auß Staub/ auß Aschen hab je ich / Ja gar auß nichts erschaffen dich", bis hin zu seinem Leiden und Sterben. Dann erfolgt das Urteil.

Der fünffte Act.

DIE 1. SCENA

Christus.
S. Petrus.
S. Paulus sampt den andern Richtern.
Der ErtzEngel Michael.
Cenodoxophylax der SchutzEngel.
Spiritus deß Doctors Seel.
Conscientia das Gwissen.
Panurgus der Teufel.

Christus setzt sich zu Gericht / verhört deß Teufels Anklag vber deß Doctors Seel /welche wiewol sie sich mit nichten zu verantworten waiß / erlangt sie doch einen Stillstandt.

Christ. Den Cenodoxum rüefft zu mir /
Vnd ohn verzug stellt jhn hie für /
Das er erscheine vor Gericht /
Vnd hör was Recht vnd Vrthel spricht.
Spir. Ach Gwissen / gehst dann du auch mit?
Hat man doch dich berueffen nit.
Consc. Ja wol / ich geh dennoch mit dir /
Wann man mich schon nit rueffet für.
Alls was ich waiß das will ich reden.
Spir. Ich will allainig schon fürtretten /
Laß mich nur an / geh weck von mir.
Consc. Ja wol kein tritt weich ich von dir.
An mir muestu / schaw mich wol an /
In Ewigkeit ein Gfertten han.
Mich. Gerechter Richter hie steht der /
Den du hast haissen kommen her.
Christ. Laß auch den Klager fürher gehn.
Mich. Hie ist er gleichfalls. Christ. Kennst du den?
Pan. Ja /weit besser als niemand sunst:
Zu jhm hab ich gebraucht vil Kunst.
Christ. Hastu jhm fleissig auffgemerckt /
Sinn vnd Gedancken / Wort vnd Werck?
Pan. Auffs allerfleissigiste alls.
Christ. Vnd du SchutzEngel gleichesfals?
Cenax. Habs alles fleissig gschriben ein.
Christ. Wolan so will ich Richter seyn.
Spir. Verschon / O Richter / ach verschon /
Dann also kan ich nit bestohn.
Geh nit mit mir so streng zu Ghricht /
Ich kan also erhalten nicht:
Das Recht zu führen fählt mir weit /
Ich bitt nur vmb Barmhertzigkeit.
Christ. Nichts / nichts. Hastu was / bring es für /
Zu klagen sey erlaubet dir.

Regieanmerkungen

1. Stellen Sie (als Skizze oder – besser – real) die Personen als „stilles Bild" auf: Wer sitzt oder steht wo und wie …?
2. Sprechen Sie den Text mit verteilten Rollen aus dieser Personen-Aufstellung heraus.
3. Entscheiden Sie – und halten als Regieanmerkung schriftlich fest – wie die Person redet (z. B. deklamatorisch, pathetisch, diskursiv, zum Publikum, zu einem Mitspieler, beiseite usw.), wie sich die Person dabei oder danach bewegt.

DIE 5. SCENA

Christus sampt den andern Richtern.
Spiritus deß Doctors Seel.
Panurgus der Teufel.

Christus / nach dem er dem Sünder sein Vndanckbarkeit mit einer scharpfen Red verwisen / verdambt er jhn mit dem erschröcklichen Vrthel zu den ewig vnd jmmerwehrenden Peynen.

Christ. Ruefft wider her den Schalck so znicht
Vnd stellet jhn dar / fürs Gericht

Notizen

Das Vrthel streng zu hören an /
Das jhm werd sein verdienter Lohn /
Die ewigwehrend Höllisch Peyn /
Zu welcher er verdambt mueß seyn.
Es ist dem Bößwicht nach seim Sinn
Lang gnueg vngstraffet gangen hin.
C h r i s t. Komb her du Gottvergessner Mann /
Empfang da dein verdienten Lohn.
S p i r. O Richter höchster Miltigkeit /
Straff nit nach strenger Grechtigkeit.
C h r i s t. Du Schalck / wo hast doch hingedacht /
Daß du mich also hast veracht?
Daß du so gar vermessenlich
Hast meinem Feind ergeben dich?
Was hab ich dir doch böses thon?
Was hat dir mein Feind guets gethon?
Nun / du Vndanckbarer / wolan /
Wir wöllen drüber Rechnung han.
[...]
Die Hoffart groß der Engel mein /
Da sie noch höher wolten seyn /
Die hab ich streng gestrafft vor zeiten /
Vnd mainst man soll dein Hoffart leiden?
So geh nun hin zu deinen Gsöllen /
Von mir hinunter in die Höllen.
Hin in das ewig Höllisch Fewer /
Hin in die Flammen vngehewer.
Allda in ewiglicher Peyn /
Wird heulen vnd zähnklappern seyn.
Gehe hin du bist in Ewigkeit
Verfluecht / verdambt / vermaledeyt.

1. Erörtern Sie die Bedeutung der „Szene": Himmel – Erde – Hölle auf der Bühne. Erdenzeit ist Heilsgeschichte; menschliche Lebenszeit ist ...? (Vgl. dazu auch die Shakespeare-Bühne.) Ziehen Sie auch das Personal des 5. Aktes mit in Betracht: Welches Weltbild wird entworfen?
2. Entwerfen Sie für diese Szene ein modernes Bühnenbild. – Notieren Sie in Stichworten, wie man das heute spielen könnte.

Vorschlag für eine „Regie-Gruppe":

3. Machen Sie sich die Auffassung von „Kirche" bewusst: ecclesia militans, triumphans; und die Verdammten? – Vergleichen Sie dazu das Lied von Spee: „Ihr Freunde Gottes allzugleich"(Text im katholischen Gesangbuch).
   Ziehen Sie auch Bildprogramme barocker Kirchenräume in Ihre Überlegungen mit ein. Notieren Sie dann in einem Skizzenbuch die Folgerungen für: Bühnenbild, Kostüme der Personen, Bewegungen der Personen (Choreografie) in dieser Szene.
4. Arbeiten Sie an Textstellen (kennzeichnen!) heraus, was an dieser Szene spezifisch gegenreformatorisch erscheint.
   Wie muss das dann gespielt und gesprochen werden? – Probieren Sie es aus!

EINE JÄMMERLICH SCHÖNE COMOEDI – GRYPHIUS' *HERR PETER SQUENTZ*

„Eine jämmerlich schöne Comoedi" sei das, sagt ihr Verfasser, der Schulmeister des Dorfes Rumpels-Kirchen, Peter Squentz. Für den durchziehenden König und seinen Hofstaat will er sie mit den Handwerkern des Dorfes – Laienspieler alle – „tragiren", in der Hoffnung auf Ehre und Ruhm und „eine gute Verehrung", also ein Geldgeschenk.
Als Vorlage hat er die rührselige Liebesgeschichte von Pyramus und Thisbe aus den Rüpelszenen in Shakespeares *Sommernachtstraum* gewählt, bekannt in Deutschland durch englische Wanderschauspieler.
Gryphius bietet mit diesem Stück eine Satire, die nicht nur das Milieu der städtischen Zunftbürger aufs Korn nimmt, ihre Kunstbestrebungen lächerlich macht, ihre Tölpelhaftigkeit in Darstellung und Text und gleichzeitig ihren überzogenen Selbstwert-Anspruch geißelt.
Der König mit seinem Gefolge amüsiert sich entsprechend über die scheiternden Bemühungen der „Künstler". Er belohnt sie am Ende auch fürstlich („so viel mal 15 Gulden als sie Säue [Fehler] gemacht") und setzt sich mit diesem Verhalten ebenfalls scharfer Kritik aus. Darf man denn so mit seinen Untertanen umgehen? Darf man auf solch unzureichende Weise Kunst ausüben – und ausüben lassen? Ist Kunst wirklich nur zur Unterhaltung und zur gesellschaftlichen Repräsentation da?
Anfragen – und Antworten – des Dichters Gryphius, die zu seiner Zeit nachdenklich machten, die bis heute aktuell sind.

Absurda Comica.
Oder
Herr Peter Squentz/
Schimpff-Spiel.

Titelblatt zu *Herr Peter Squentz* (1663)

Erster Auffzug.

Peter Squentz / Pickelhäring / Meister Kricks über und über / Meister Bulla-Butän / Meister Klipperling / Meister Lollinger / Meister Klotz-George.

P. Squentz. EDler / Woledler / Hochedler / Woledelgeborner Herr Pickelhäring / von Pickelhäringsheim und Saltznasen.

① Pickelhäring. Der bin ich.

P. Sq. Arbeitsamer und Armmächtiger Mester Kricks / über und über / Schmied.

M. Kricks über. Der bin ich.

P. Sq. Tugendsamer / auffgeblasener und windbrechender Mester Bullabutän / Blasebalckenmacher.

Bullabutän. Der bin ich.

P. Sq. Ehrwürdiger / durchschneidender und gleichmachender Mester Klipperling / Wolbestelter Schreiner des weitberühmbten Dorffes / Rumpels-Kirchen.

M. Klipperl. Der bin ich.

P. Sq. Wolgelahrter / vielgeschwinder und hellstimmiger Mester Lollinger / Leinweber und Mester Sänger.

Loll. Der bin ich.

P. Sq. Treufleissiger / Wolwürckender / Tuchhaffter Mester Klotz-George / Spulenmacher.

M. Klotz-George. Der bin ich.

②

P. S q. Verschraubet euch durch Zuthuung euer Füsse und Niederlassung der hindersten Oberschenckel auff herumbgesetzte Stühle / schlüsset die Repositoria ewers gehirnes auff / verschlisset die Mäuler mit dem Schloß des Stillschweigens / setzt eure 7. Sinnen in die Falten / Herr Peter Squentz (cum titulis plennissimis) hat etwas nachdenckliches anzumelden.

P. H. Ja / ja / Herr Peter Squentz ist ein Tieffsinniger Mann / er hat einen Anschlägigen Kopff / wenn er die Treppen hinunter fällt / er hat so einen ansehnlichen Bart / als wenn er König von Neu-Zembla wäre / es ist nur zu bejammern / daß es nicht wahr ist.

③

P. S q. Nach dem ich zweiffels ohn durch Zuthuung der alten Phoebussin und ihrer Tochter der großmäulichen Frau Fama Bericht erlanget / daß Ihre Majest. unser Gestrenger Juncker König ein grosser Liebhaber von allerley lustigen Tragoedien und prächtigen Comoedien sey / als bin ich willens / durch Zuthuung euer Geschickligkeit eine jämmerlich schöne Comoedi zu tragiren / in Hoffnung nicht nur Ehre und Ruhm einzulegen / sondern auch eine gute Verehrung für uns alle und mich in specie zuerhalten.

B. b. Das ist erschrecklich wacker! Ich spiele mit / und solte ich 6. Wochen nicht arbeiten.

P. H. Es wird über alle massen schöne stehen! wer wolte nicht sagen / daß unser König treffliche Leute in seinem Dorffe hätte.

M. K. über und über. Was wollen wir aber vor eine tröstliche Comoedi tragiren?

P. S q. Von Piramus und Thisbe.

M. K l. G. Das ist übermassen trefflich! man kan allerhand schöne Lehre / Trost und Vermahnung drauß nehmen / aber das ärgeste ist / ich weiß die Historie noch nicht / geliebt es nicht E. Herrligkeit dieselbte zu erzehlen.

④

P. S q. Gar gerne. Der Heil. alte Kirchen-Lehrer Ovidius schreibet in seinem schönen Buch Memorium phosis, das Piramus die Thisbe zu einem Brunnen bestellet habe / in mittelst sey ein abscheulicher heßlicher Löwe kommen / vor welchem sie aus Furcht entlauffen / und ihren Mantel hinterlassen / darauff der Löwe Jungen außgehecket; als er aber weggegangen / findet Piramus die bluttige Schaube / und meinet der Löwe habe Thisben gefressen / darumb ersticht er sich aus Verzweiffelung / Thisbe kommet wieder und findet Piramum todt / derowegen ersticht sie sich ihm zu Trotz.

P. H. Und stirbet?

P. S q. Und stirbet.

P. H. Das ist tröstlich / es wird übermassen schön zu sehen seyn: aber saget Herr P. Sq. Hat der Löwe auch viel zu reden?

P. S q. Nein / der Löwe muß nur brüllen.

P. H. Ey so wil ich der Löwe seyn / denn ich lerne nicht gerne viel außwendig.

P. S q. Ey Nein! Mons. Pickelhering muß eine Hauptperson agiren.

*Metaplan-Technik:
1. Jedes Element wird zunächst auf ein eigenes Zettelchen geschrieben und an einer Pinnwand / Tafel angeheftet.
2. Danach ordnen die Teilnehmer durch Verschieben diese Zettel zu Gruppen und Untergruppen und finden dafür Oberbegriffe, die ebenfalls – farbig oder größer – auf die Pinnwand kommen. (In unserm Fall sind diese Kategorien schon z. T. vorgegeben, sie können aber weiter differenziert werden.)
3. Verbindungen / Überschneidungen zwischen den Elementen / Elementgruppen werden eingezeichnet: mit Pfeilen, Klammern usw.
Jeder dieser Arbeitsschritte wird laut vor der ganzen Gruppe kommentiert und begründet.

1. Listen Sie alle Elemente auf, die Ihnen komisch erscheinen; gliedern Sie nach Sprache, Inhalt, Spielebene (realistisch, ironisch, satirisch, Situation(skomik), Personen(komik). Benutzen Sie die Metaplan-Technik*.
2. Worauf zielt diese Komik? Fertigen Sie zur Darstellung eine Skizze an.
3. Spielen Sie einzelne kleine Passagen gruppenweise: Setzen Sie die Elemente der Komik in Spiel um (nicht darüber reden, nicht stehend deklamieren, sondern sich bewegend spielen!). Vier Vorschläge sind im Text angezeichnet.
   Entwerfen Sie vorher eine „Vita der Figur“, die Sie spielen: Was bedeutet der Name? Welche Erlebnisse, welche täglichen Erfahrungen hat die Figur hinter sich? Wie ist ihr sozialer Status? Welche Erwartungen hat sie an ihre Mitwelt, an ihr Aussehen, an ihr Auftreten, an Respekt …
4. Peter Squentz tritt mit seiner Truppe (Laientheater?) heute auf. Welche Themen wären möglich? Entwerfen und schreiben Sie die Eingangsszene oder mehr.

Geh aus mein Herz …

Das Fest am fürstlichen Hof, die jahreszeitlich festgelegte Arbeit des Bauern auf dem Feld oder im Weinberg – zwischen diesen beiden Extrempolen sind alle anderen Äußerungen des täglichen Lebens zu finden: die reiche Vielfalt der zünftigen Handwerker in den Städten, der Nah-, Fern- und Seehandel, der manche dieser Städte sehr reich machte, das stille Gelehrtentum in Kanzlei und Universität … Schäferliche Idylle gehört hierhin wie die Darstellung familiären und gesellschaftlichen Erfolgs: Genreszenen, Porträts, Gruppenbilder und Stillleben sind die Quellen für unsere Anschauung. Aber ebenso sprechen die Architektur der Schlösser und ihrer Parks, der Klöster und der Kirchen wie die Bürgerhäuser zu uns von Reichtum, Ansehen, Macht, Geltungsstreben, Erfolg …

Wir bewundern die Kunstfertigkeit der Silber- und Goldschmiedearbeiten, der feinen Porzellane für die Tafel; wir bestaunen die prachtvollen Inneneinrichtungen von den eingelegten Parkettböden über die Stuckarbeiten an Wänden und Decken bis zu den Gemälden, Schnitzereien, den Möbeln, Teppichen, Lüstern, Skulpturen …

Wir hören barocke Musik, besichtigen festliche Theaterräume …

Und dabei wissen wir: Es war ein großer Unterschied, ob man in einem absolutistisch regierten Fürstentum lebte, ob in einer Freien Reichsstadt; überhaupt ob man Städter war oder Landbewohner, ob man geistlich regiert wurde oder weltlich …

Trotz all dieser Einschränkungen wollen die folgenden Bilder und Gedichte einige Eindrücke vermitteln vom Leben der Menschen in der Barockzeit.

Hieronymus Janssens: Barocke Tafel; das Zuckerzeug wird aufgetragen

Barocke Küche

*kastrierter, gemästeter Truthahn

◆Striezel: längliche Streifen eines Gebäcks oder Brotstücke

Rezept: Ein gesottnen Kapaun* mit grün-ausgelösten Erbis / Strützel◆ und Knödlein

Nimm ein schön-gebutzten Kapaun / lasse ihn schön weiß sieden / mache unterdessen von Kalbfleisch ein gutes Gehäck mit genugsam Fetten / Semmel / Eyer und Milch-Ram / gewürtze es mit Saltz / Muscatnuß / und gar ein wenig Pfeffer /hacke solches wohl untereinander / und mache acht Fingerlange Strützel / und so viel Knödlein daraus / auf daß du damit den Ranfft der Schüssel zu umlegen bestehest / nimm auch junge frisch-ausgelöste Erbis / richte solche mit Butter / Pfeffer und Fleischbrühe besonder in ein Rein* / hernach bache oder siede die Strützel und Knödlein / wi du wilst / und lasse die Strützel mit geschnittnen Mandeln / oder Pinioli bestecken / setze die Schüssel mit gebähtem◆ Brod auf / giesse ein wenig von der Kapaunen-Brühe daran / lege den gesottnen Kapaun auf die Mitt / die Strützel Sternweiß herum / die Erbis entzwischen / und mit denen Knödeln regliert/ trags warm auf.

*Gefäß

◆bähen= in warmen Tüchern erwärmen

links: Monatsbild September: Fischmarkt

rechts: Monatsbild Oktober: Weinlese

1. Betrachten Sie die Bilder auf S. 53 und 54 genau. Achten Sie auf
   - Kleidung, Tafelausrüstung, den architektonischen Rahmen, Musik, Haltung der Personen (Abb.1);
   - auf Raumgröße, Personalfülle, Arbeitsgänge, Menge und Art der Fleischwaren (Abb. 2);
   - Arbeitsgänge und Personal (Abb. 3 u. 4).

   Benennen Sie, was Sie sehen.
2. Können Sie auf das Lebensgefühl der Personen schließen: Was mögen sie fühlen und denken? – Legen Sie ausgewählten Personen Sprechblasen „in den Mund".

IST LIEBE LAUTER NICHTS / WIE DASS SIE MICH ENTZÜNDET? – VARIATIONEN ZUM THEMA LIEBE

Am Beispiel des Themas Liebe zeigen die folgenden Gedichte einige Möglichkeiten, wie sich die unterschiedlichen Lebensansichten durchdringen. Wie ernsthafte Erschütterung sprachlich höchsten Ausdruck findet und gedanklich fast mystisch wird, führt Philipp von Zesens Gedicht vor. Ganz leicht, spielerisch-gesellig, an der Oberfläche, im Wortspiel frivol gibt sich das *Rundum* von Georg-Rodolph Weckherlin. Wertend und satirisch ablehnend zugleich: das Epigramm von Caspar Ziegler, die Ablehnung durch die Form des Ratespiels gesellig-genüsslich ins Genießerische abbiegend, variiert Friedrich von Logau das Thema.

PHILIPP VON ZESEN (1619 PRIORAU/DESSAU–1689 HAMBURG)

Philipp von Zesen

Er studierte in Halle, Wittenberg und Leipzig von 1639 bis 1641, blieb aber ohne öffentliches Amt. 1643 gründete er die „Teutschgesinnte Genossenschaft" und wurde 1648 Mitglied im Palmenorden. Er war „poetus laureatus", wurde geadelt und hatte den Titel eines kaiserlichen Pfalzgrafen, der selber wieder Poeten krönen durfte. Zahlreiche Reisen unternahm er nach London und Paris. Er lebte längere Zeit in Holland: 1655–67, dann wieder 1679–83; ab 1683 in Hamburg; zuletzt war er verarmt. Er gilt als der erste deutsche Schriftsteller von Beruf: Als Lyriker, Erzähler und poetischer Theoretiker machte er sich einen Namen. Er übersetzte auch Romane aus dem Französischen.

Auf di Augen seiner Liben

JHr augen fol von gluht! was gluht? karfunkel-strahlen:
auch nicht! Si sein ein bliz / dehr durch di lüfte sprüht
und sich aus ihrem aug / bis in di meinen züht.
nicht blizze; bolzen sein's / damit si pflägt zu prahlen /
damit si pflägt den zol der libe bahr zu zahlen.
nicht bolzen; sonnen sein's / damit si sich bemüht
zu bländen andrer lücht; di keiner ihmals siht /
der nicht gestrahft mus sein. nicht sonnen; stärne tahlen*
vom himmel ihrer stirn': auch nicht: was säh ich schimmern /
dan gluht ist nicht so feucht / karfunkel strahlt nicht so /
der bliz hat minder kraft / der pfeil macht jah nicht fro /
di sonn' ist nicht so stark / ein stärn kan nicht so glimmern /
wahr-um dan sihet si däs Folkes aber-wahn
for gluht / karfunkel / bliz / pfeil-son-und stärnen ahn?

* tahlen: Bildung zu „Tal", im Sinne von „zu Tale gehen", hier: „ins Tal leuchten" (?)

1. Fertigen Sie eine Tabelle der Vergleiche. – Wie erreicht Zesen die Steigerung der Aussage und wie lautet diese, „positiv" formuliert?

GEORG-RODOLPH WECKHERLIN (1584 STUTTGART–1653 LONDON)

Georg-Rodolph Weckherlin

Der Sohn eines Hofbeamten studierte Rechtswissenschaften in Tübingen. Danach reiste er durch Deutschland, kam nach Frankreich und England, ehe er 1619 Sekretär und Hofrat des Herzogs in Stuttgart wurde. 1620 wurde er Sekretär der Kanzlei Friedrichs V., des „Winterkönigs", im Londoner Exil. Dort stieg er auf zum Unterstaatssekretär und Parlamentssekretär. Er wurde vom englichen König mit politischen Missionen in ganz Europa betraut. Als Dichter von Oden, Liebesliedern sowie als Psalmen-Nachdichter wurde er bekannt. Seine Poetik setzte sich nicht durch.

Ein Rund-vmb

EJn kleine weyl / als ohn gefähr
Ich euch in einem Sahl gefunden /
Sah ich euch an / bald mehr vnd mehr
Hat ewer haar mein hertz verbunden:
Ihr auch lieb-äugleten mir sehr /
Da durch ich weiß nicht was empfunden /
Das meinem Geist / dan leicht dan schwer /
Auß lieb vnd layd alßbald geschwunden
Ein kleine weyl.
Biß ich von ewrer augen lehr /
Vnd jhr von meiner seufzen mähr
Die schuldigkeit der lieb verstunden;
Darauf wir heimlich ohn vnehr
Einander frölich überwunden
Ein kleine weyl.

1. Wie verläuft der Gedankengang? Zeichnen Sie die sprachlichen Vernetzungen in den Text ein.
2. Versuchen Sie einmal, den Kehrvers „ein kleine weyl" jeweils durch eine anders formulierte Zeitangabe zu ersetzen. Geht das?
3. Fügen Sie – im Ton des Originals – eine vierte Strophe an.

CASPAR ZIEGLER
(1621 LEIPZIG–1670 WITTENBERG)

Was bistu Galathee*?

Was bistu Galathee?
Ich muss es endlich wissen /
Die Wangen sehn wie Rosen und Narcissen /
Das Hertz wie Eis und Schnee /
Was machst du denn vor eine Gäukeley?
Du bist der Jenner und der May.

*Galathea war eine Meeresnymphe, die die rasende Liebe des Polyphem zurückwies. Hier: Bezeichnung für eine spröde Dame.

FRIEDRICH VON LOGAU
(1604 BROCKUTH–1655 LIEGNITZ)

Der niederschlesische Freiherr und Gutsbesitzer war Regierungsrat am Hof des Herzogs von Brieg. Er war Mitglied des Palmenordens. In seinen *Deutscher Sinn-Getichte Drey Tausend* (3 Bde., 1654) übte er scharfe Kritik am moralischen und religiösen Zerfall durch Krieg und Konfessionsstreit sowie an der sozialen Ungerechtigkeit seiner Zeit durch Prunk am Hofe, Modetorheiten und Ausbeuten der Bauern.

Frage

Wie willstu weisse Lilien / zu rothen Rosen machen?
Küß eine weisse Galathe, sie wird erröthet lachen.

1. Versuchen Sie sich selbst einmal in diesen kleinen Formen. – Mit dem Computer kann man so schöne Grußkarten entwerfen!

FAMILIENPORTRÄTS

Wie sehr das Bewusstsein seines Standes das Selbstverständnis einer Person prägte, zeigen nicht nur die Porträts, nicht nur die Stillleben der Zeit. Selbst die Abbildungen aus dem Familienleben unterscheiden zwischen der – eher privaten – Genreszene und dem offiziellen Standesbild. Die Unterschiede in der Aussage sind stark.

Etienne Aubry: Familienszene

Gabriel Metsu: Bildnis einer Familie

1. Lassen Sie die Personen sprechen: Was sagt jede Person im Gemälde von Aubry und zu wem? Formulieren Sie „Sprechblasen"!
2. Können Sie zum Gemälde von Metsu ein Gespräch der Personen untereinander formulieren?

Deß Menschen Leben ist gleich einer Blum ...

Frauen im öffentlichen Leben des Barockzeitalters? Die Frage wird wohl zu verneinen sein; zu offensichtlich dominieren Männer in Staat, Kirche, Universität, Schule und öffentlicher Kultur. Es gibt keine „poeta laureata"!
Genauere Betrachtung zeigt ein nur geringfügig anderes Bild. An den Höfen sind es oft Frauen, die das kulturelle Leben maßgebend gestalten, die Personen fördern, Musen-Kreise organisieren, Feste arrangieren, Texte und Lieder dichten, religiöse Erbauungsbücher schreiben. Sophie-Elisabeth in Wolfenbüttel und ihre Tochter Sybilla Ursula sind hier Beispiele. Im geistlichen Leben und in der Erziehungsliteratur leisten Frauen Beachtliches, Bahnbrechendes. Die Pastorengattin Maria Katharina Stockfleth in Nürnberg ist hier besonders zu nennen mit ihrem Roman *Macarie.* Sie gehörte zum „Blumenorden", der Frauen ausdrücklich als Mitglieder zuließ. Auch die mystische Dichterin Catharina Regina von Greiffenberg, eine adlige Landfrau aus Tirol, gehörte zu dieser Sprachgesellschaft. Lebensgefährtin ebenso wie geistliche Mitdenkerin und Mitleiterin der Gemeinschaft des Jean Labadie war eine ebenfalls geistlich dichtende Frau: Anna Maria von Schürmann.
Besonders außergewöhnlich ist das Lebenswerk von Maria Sibylla Merian, die von einer Malerin zur Unternehmerin wurde, die durch ihr Zeichnen zur Forscherin sich bildete und durch ihre religiöse Überzeugung eine eigenständig denkende und handelnde Persönlichkeit wurde. In der Männerwelt der Großstadt Amsterdam vermochte sie sich durchzusetzen.

STATIONEN EINES UNGEWÖHNLICHEN LEBENS

Albumblatt mit einer Rose (1675)

Dem Professor am Gymnasium Egidianum zu Nürnberg, Magister Christoph Arnold, Mitglied des „Pegnesischen Blumenordens", widmete die Malerin Maria Sibylle Graff, geb. Merian, 1675 dieses Album-Blatt. Ganz im Sinne der emblematischen Verknüpfung wird in dieser konventionellen Poesiegattung durch das verkürzte Bibel- und Psalmzitat (Hiob 14,1–2; Ps. 103,15 f.) aus der scheinbar naturalistischen Blumenzeichnung ein Sinnbild: Knospe und Blüte veranschaulichen Werden und Fülle menschlichen Lebens, welkende Blütenblätter und Fraßspuren am Blatt deuten auf das Ende hin. Aber: Dies Memento mori droht nicht; es stellt eine in Gelassenheit und Würde erfahrbare, wenngleich unausweichliche, weil natur-, also gottgegebene Tatsache fest.
Wer war diese Maria Sibylla Merian?

Johann Andreas Graff:
Der Römerberg zu Frankfurt

1647 Frankfurt. Maria Sibylla wird geboren. Vater ist der berühmte Zeichner und Verleger Matthäus Merian „der Ältere" (1593–1650) aus Basel, seit 1624 Bürger in Frankfurt; Mutter dessen 2. Frau (seit 1646) Johanna Sibylla Heimy. Es gibt aus der 1. Ehe des Vaters mit Maria Magdalena de Bry (1598–1645), Tochter eines Malers, Stechers und Verlegers aus Basel, noch fünf Geschwister. Die beiden Brüder Matthäus (1621–1687), genannt „Merian, der Jüngere", und Caspar (1627–1686) sind beide Maler, Kupferstecher und Verleger im Geschäft des Vaters bzw. der Familie.

1650 Mutter Johanna Sibylla heiratet den Maler und Bilderhändler Jacob Marell (1613/14–1681) aus Utrecht, der in Merians Werkstatt und Verlag tätig war. Er wird Maria Sibyllas Lehrer.

1665 Maria Sibylla heiratet Johann Andreas Graff aus Nürnberg, ihren Mitschüler in der Werkstatt.

1668 Geburt der ersten Tochter Johanna Helena. Sie lebt später mit ihrem Ehemann Jocon Hendrik Herolt, einem Kaufmann, in Surinam und liefert von da Präparate an ihre Mutter in Amsterdam.

1. Ich habe mich von Jugend an mit der Erforschung der Insekten beschäftigt. Zunächst begann ich mit Seidenraupen in meiner Geburtsstadt Frankfurt am Main. Danach stellte ich fest, dass sich aus anderen Raupen viel schönere Tag- und Eulenfalter entwickelten als aus den Seidenraupen (aus: *Metamorphosis,* 1705, Vorrede).

2. Dieweil ich meine Blumen-mahlerey mit Raupen, Sommer-vögelein [süddeutsch für Schmetterling] und dergleichen Thierlein auszuzieren mich beflissen; dergleichen die Landschafts-mahler mit Bildern thun, eines durch das ander gleichsam lebendig zu machen: Also hab ich oft große Mühe in Auffangung derjenigen angewandt, bis ich endlich, vermittelst der Seidenwürmer, auf der Raupen Veränderung gekommen (aus: *Raupenbuch I,* 1679, Vorrede).

Titel-Faksimile zu *Der Raupen wunderbare Verwandlung* (1679)

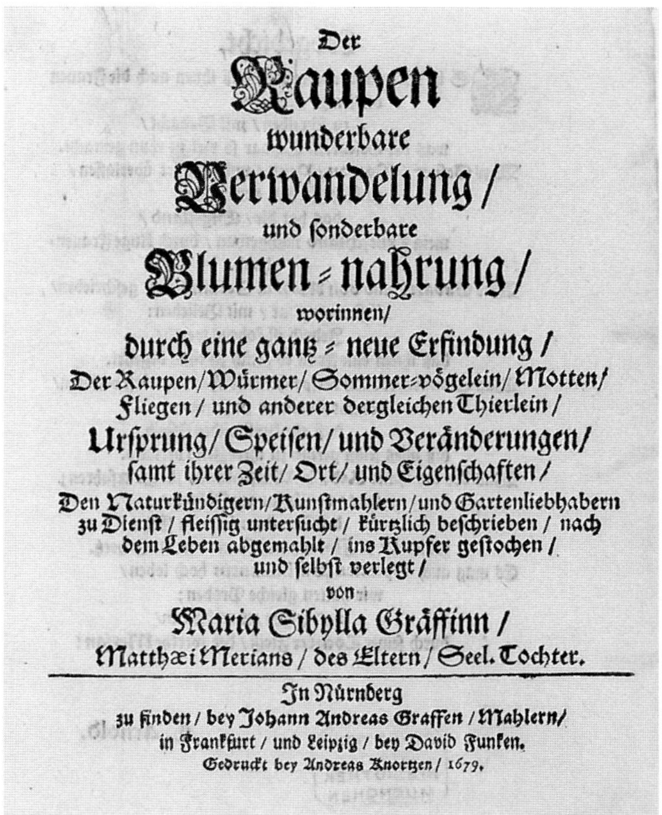

Der
Raupen
wunderbare
Verwandelung /
und sonderbare
Blumen-nahrung /
worinnen /
durch eine gantz-neue Erfindung /
Der Raupen / Würmer / Sommer-vögelein / Motten /
Fliegen / und anderer dergleichen Thierlein /
Ursprung / Speisen / und Veränderungen /
samt ihrer Zeit / Ort / und Eigenschaften /
Den Naturkündigern / Kunstmahlern / und Gartenliebhabern
zu Dienst / fleissig untersucht / kürtzlich beschrieben / nach
dem Leben abgemahlt / ins Kupfer gestochen /
und selbst verlegt /
von
Maria Sibylla Gräffinn /
Matthæi Merians / des Eltern / Seel. Tochter.
In Nürnberg
zu finden / bey Johann Andreas Graffen / Mahlern /
in Franckfurt / und Leipzig / bey David Funken.
Gedruckt bey Andreas Knortzen / 1679.

1. Aus welcher sozialen Schicht / welchem Stand (Adel, Patrizier, Handwerker, Kaufleute usw.) kommt Maria Sibylla Merian?
2. Innerer Monolog oder Tagebuchnotiz: „Wie ich mir mein Leben vorstelle."
   Maria Sibylla Merian spricht oder schreibt 1662 über ihr Tun und Wollen.

1670–1681 Nürnberg. Die Familie Graff lebt in der Nähe von St. Sebald. Im Februar 1668 wird die 2. Tochter, Dorothea Maria, geboren. Neben Haushalt und Erziehung der Töchter betreibt Maria Sibylla Merian eine Malschule für Bürgermädchen, die „Jungfern Compagnie". Sie verkehrt mit bürgerlichen und adligen Personen, kennt Mitglieder des „Pegnesischen Blumenordens". Sie arbeitet an den Bildern und Texten ihrer Forschungen, die dann das „Raupenbuch" ergeben werden.

Diese grosse gold-gelb-schwarze Raupe [...] habe ich in grosser Menge Anno 1677 im Stattgraben zu Altdorff (da die Universität von Nürnberg ist) gefunden im Graß. [...]
Alß ich im Anfang July, einmal in meinen Garten (neben der Schloßkirchen oder keyserlichen Schloß-Capell in Nürnberg) so wohl die Blumen zu besehen, alß Raupen zu suchen, hinauf gienge, fand ich sehr viel grünen Morast auf den grünen Blättern der Goldgelben Lillien; da gedachte ich zu finden, wo doch jener Morast herkäme; berührte ihn mit einem Stäblein, der Meinung, alß ob etwan die Blätter faulten: Da fand ich in dem Morast, sehr viel kleine rothe runde thierlein, wie Käfferlein, gantz dicht mit den Köpfen beysammen sitzend, und gantz unbeweglich, wann ich sie schon hart anrührete. Derselbigen nahm ich dann etlich samt den Blättern mit nach Haus, zu untersuchen, was doch darauß werden möchte. [...] (aus: *Studienbuch*)

3. Welche Prinzipien der „Erforschung" lassen sich aus diesem Text ableiten? Vervollständigen Sie die Liste: Beobachten – Notieren – Benennen von Ort, Datum, Zeit ...
4. Entwickeln Sie aus dem Titel-Faksimile des „Raupenbuchs" (S. 59) das Forschungsprogramm der Maria Sibylla Merian: Worüber handelt sie, was bringt sie in Zusammenhang, wie geht sie vor, an wen wendet sich das Buch ...?

Titel-Kupfer zu *Der Raupen wunderbare Verwandlung* (1679)

1679 erscheint der erste Teil des „Raupenbuches":

Mit Gott:
Weil deß Seidenwurms Nahme fast jederman bekant, und Er der Nutzbarste und edelste unter allen Würmern und Raupen ist, alß habe ich seine Verwandelung zum Anfang allhier hingesetzt:
Erstlich so essen sie die Blätter deß Weissen Maulbeerbaums lieber alß deß Rothen. Weil aber zur Zeit, da die Jungen Seiden Würm sind, in Unserem Land, noch gar keine Blätter gewachsen; Alß giebt man ihnen, biß so lang, die Lattig salat blätter, zu essen; Ja offt so lange, alß biß sie so groß, alß die Grösse, über den untersten aufgeschlitzten Dattelkern [= Puppe; Anm. Verf.], oder, nahe bey dem grossen rechten Seidenwurm, ist. Ihre Farb ist sonst weiß, Und wann sie so groß, alß der gemelde grosse Seidenwurm allhie außweist, so fängt er endlich an zu spinnen, wird etwas gelblicht, eingeschrumpfen, Und durchsichtig; Schlenkert mit seinem Kopf herumb, und läst die Seiden auß seinem Munde. Darauf thut man ihn in ein Papiernes offenes Häußlein, welches oben weit und unten spitzig, wird zu Nürnberg, Scharmützel, zu Franckfurt am Mayn, aber eine Dotte, genennt. Diese steckt man dann irgends hin, darinn spinnt er mit Ruh ein formliches weiß, gelb oder grünlichtes Ey, dergleichen gelbes Ey in der Mitte deß Pergaments zu sehen, und wird darinnen zu einen auch dergleichen gantzen Dattelkern. Er schiebt zuvor ehe er spinnt, etlichmal seine Haut ab, wie zu hinterst über dem grossen

Wurm, oder neben gemeldem Dattelkern, eine, zu sehen ist. Wann dann das Vögelen [=Sommer-Vögelein=Schmetterling; Anm. Verf.] außschlieffen will, so beist es sich durch den Dattelkern und Ey, dergleichen Ey zu alleröberst zu sehen, solcher Dattelkern aber zu unterst; Und ist ihre Farb meistens Weiß, und hat einen halben Tag zu thun, biß es deutliche und truckene Flügel oder seine vollige Mottengestalt bekomt. Das Männlein ist subtiler und kleiner alß das Weiblein, hat auch einen subtileren Leib. So bald Sie nun ihre Stärke haben, so paaren sie sich, und legen noch selbigen tags, oder den tag darnach, Und so fort etliche Täge, gelbe runde Eylein, wie Hirschkörner, [=Hirse; Anm. Verf.], Und sterben alsdenn. Auf jedem Eylein ist ein braunlichts Pünctlein, und so sie eingefallen, oder wie leere Hülsen scheinen, so kommt nichts hervor, denn sie sind verdorben. [...]

Maria Sibyla Merianin

Metamorphose des Seidenspinners

5. Vergleichen Sie Ihr Ergebnis von Aufgabe 4 mit Merians Ausführungen zum „Seidenwurm".
6. Exzerpieren Sie die Informationen aus dem Text zum Seidenwurm und ordnen Sie sie nach Aspekten.
7. Formulieren Sie das (Forschungs-)Ziel dieses Textes.
8. Beschreiben Sie die Sprache des Textes nach Aufbau, Satzbau, Wortwahl und gedanklich-syntaktischer Verbindung anhand der Zeilen 6 bis 19.
9. Schreiben Sie den Text – inhaltlich so genau wie möglich, sprachlich so flüssig Sie können – in heutiges Deutsch um.

1681–85 Frankfurt. Familie Graff zieht nach dem Tod von Stiefvater Jacob Marell wieder nach Frankfurt zur Mutter. Maria Sibylla setzt ihre Studien fort. Sie entdeckt – und beschreibt – einen vorher unbekannten Parasiten der Bernsteinschnecke. In Frankfurt wirkt zu der Zeit Philipp Jakob Spener. Er gilt als der Begründer des Pietismus. Seine Wirkung war groß; sein Erbauungszirkel „Collegium pietatis" stand aber für Frauen erst ab 1690 offen, wurde also von Maria Sibylla Merian nicht besucht.
Weitere Einflüsse ergeben sich aus den Gedanken des Jean de Labadie (den Spener in Genf kennen lernte) sowie aus der Einstellung des Elternhauses.

Philipp Jakob Spener (1635–1705)

Die Wunder der Natur sind zu bedenken, „in welcher auch Gott der Herr seinen Geist der vegetabilischen oder wachsenden Weißheit, in dem Er das Wort Fiat gesprochen, in den Bulbum [Zwiebel] geleget, von welchem Geist noch alle Zier, Lieblichkeit, Krafft, Schönheit und Tugend der Blumen, eben mannigfaltig und fürnehmlich herkompt, der in dessen allen Formirung und Bildung allein der Werck-Meister ist".
(Matthäus Merian d. Ä.)

Alles was wir hören oder sehen, kündigt Gott an oder versinnbildlicht ihn. Der Gesang eines Vogels, das Blöken eines Lamms, die Stimme eines Menschen. Der Anblick des Himmels und seiner Sterne, der Lüffte und seiner Vögel, des Meeres und seiner Fische, des Landes und seiner Pflanzen, der Tiere und ihres Königs, des Menschen.
Alles erzählt von Gott, alles stellt ihn dar, doch nur wenige Ohren und Augen versuchen, IHN zu hören oder zu sehen.
(Jean de Labadie)

Jean de Labadie (1610–1674)

1685–1691 Schloss Waltha bei Leeuwarden, Holland. Maria Sibylla Merian zieht mit ihren beiden Töchtern und ihrer Mutter nach Schloss Waltha. Sie wird – wie schon ihr Halbbruder Caspar – Mitglied der dortigen Gemeinde der Labadisten. Schloss Waltha gehört Cornelis van Sommelsdijk; er ist Gouverneur der holländischen Kolonie Surinam, wo er auch eine Zuckerplantage – „Providentia" – betreibt.
1691–1699 Amsterdam. Maria Sibylla Merian zieht nach Amsterdam, lebt dort – seit 1692 von ihrem Mann geschieden und nach Aufgabe ihres Frankfurter Bürgerrechts – als Malerin. Sie betreibt einen Handel mit Farben und Insekten sowie Tierpräparaten, unterrichtet wieder. Sie hat Kontakt zu Amsterdamer Gelehrten und – reichen – Sammlern.

Ph. J. Spener und der Pietismus.
Jean de Labadie und seine „Sekte".

Die Niederlande und Amsterdam um 1700

A. ist die größte Stadt der Republik der Vereinigten Niederlande: 200 000 Einwohner. Hafenstadt mit Schiffbau, Warenmarkt mit Lagerhäusern und Finanzzentrum mit Börse, Versicherungen, Wechselbank. Handel mit ganz Europa, seit 1602 (Ostindische Kompagnie) und 1621 (Westindische Kompagnie) Welthandel. Fischerei und Ackerbau bilden zwei weitere Produktionszweige des Staates. Die Ostindische Kompagnie (OIK) hatte staatliche, hoheitliche Befugnisse, obgleich sie eine private Gesellschaft war: Sie hatte östlich des Kaps der Guten Hoffnung das Handelsmonopol, durfte Soldaten haben, Kriege führen und Frieden schließen, Forts errichten. Ähnliches galt für die Westindische Kompagnie (WIK), die indes hauptsächlich Kolonien gründete und Handel trieb: Einkauf von Gold in Westafrika, Sklaventransport zwischen Afrika, der Karibik und Surinam, Zuckertransport von Surinam nach Europa. Jährlich liefen etwa 20 Schiffe mit ca. 6 bis 7 Tausend Mann Ostindien an (7 Monate Fahrt), etwa 16 Schiffe mit ca. 500 Seeleuten Westindien (2–3 Monate Fahrt).
Surinam gehörte seit 1683 zu gleichen Teilen der WIK, der Stadt Amsterdam und Cornelis van Sommelsdijk. Es gab 1713 dort 200 Zuckerplantagen – Monokulturen –, die ca. 6 Millionen Pfund Zucker lieferten.
Amsterdamer Bürger betrieben aus botanischen oder medizinisch-wissenschaftlichen Interessen Naturaliensammlungen und Herbarien, sie kultivierten botanische Gärten. Sie standen in regem Austausch mit den Kolonien. Auch andere Exotika: Teppiche, Decken, Stoffe, Hölzer, Porzellane, Lackarbeiten, Korallen, Muscheln, Tierpräparate waren beliebt. Viele Veröffentlichungen berichteten über Sprachen, Geographie, Ethnographie, Geschichte, Fauna und Flora der fernen Länder. Es gab Dutzende solcher Sammlungen, nicht nur aus wissenschaftlichen oder wirtschaftlichen Interessen: „Anhand der unermesslichen Vielfalt der Natur, die man hier in einem Raum bewundern konnte, ließ sich das Wunder der Schöpfung Gottes anschauen" (R. van Gelder).

10. Exzerpieren Sie die Informationen dieses Textes tabellarisch zu einem Notizzettel für ein mündliches Kurzreferat.

Zwei Indienfahrer

Juni 1691–September 1701 Surinam. Maria Sibylla Merian unternimmt zusammen mit ihrer Tochter Dorothea eine Studienreise, die sie nach Paramaribo und auf die Plantage Providentia führt. Zur Finanzierung dieser Reise hat sie alle ihre bisherigen Arbeiten verkauft, mit Ausnahme ihres „Studienbuchs". Diese Sammlung von Zeichnungen und die dazugehörigen Texte führt sie systematisch bis zu ihrem Tode fort. Daraus komponierte sie ihre noch folgenden Buchveröffentlichungen. Zar Peter der Große erwarb dieses und andere Dokumente 1716 bzw. nach ihrem Tod; 1976 erschien ein Faksimiledruck: deshalb der Titel *Leningrader Studienbuch.*

Louise von Panhuys (1736–1844): Landungsplatz zu Paramaribo

In ihren Notizen hält Maria Sibylla Merian auch Beobachtungen und Gedanken zu kolonialen Praktiken der Holländer fest. So übt sie z. B. Kritik an der Monokultur aus Nützlichkeitserwägungen. Sie schlägt vor, Pflaumen, Weintrauben, Vanille anzubauen. Und:

Wenn sich also jemand die Mühe machen würde, diese Raupen (grüne, mit gelben Streifen die einen starken Faden sponnen / Seidenraupen) zu sammeln, so würde das gute Seide ergeben und rechten Gewinn erbringen.

Über die flos pavonis, die Pfauenblume oder Tigerblume führt sie aus:

Ihr Samen wird gebraucht für Frauen, die Geburtswehen haben und weiter arbeiten sollen. Die Indianer, die nicht gut behandelt werden, wenn sie bei den Holländern in Dienst stehen, treiben damit ihre Kinder ab, damit ihre Kinder keine Sklaven werden, wie sie es sind. Die schwarzen Sklavinnen aus Guinea und Angola müssen sehr zuvorkommend behandelt werden, denn sonst wollen sie keine Kinder haben in ihrer Lage als Sklaven. Sie bekommen auch keine, ja sie bringen sich zuweilen um wegen der üblichen harten Behandlung, die man ihnen zuteil werden lässt, denn sie sind der Ansicht, dass sie in ihrem Land als Freie wiedergeboren werden, so wie sie mich aus eigenem Munde unterrichtet haben.

Über die Beschwerlichkeit der Arbeit, von Insekten umschwärmt, schreibt sie:

Wenn ich malte, flogen sie [die Wespen] mir um den Kopf. Sie bauten ein Nest aus Lehm […] neben meinem Farbkasten, das so rund war, als ob es auf einer Töpferscheibe gedreht worden war. Es stand auf einem kleinen Fuß. Daherum machten sie einen kleinen Deckel aus Lehm, um das Innere vor allem Ungemach zu beschützen. Sie ließen darin ein kleines Loch, um hinein- und herauszukriechen. Danach sah ich sie täglich kleine Raupen hineintragen, zweifellos als Nahrung für sich und ihre Jungen, oder Würmer, wie es auch die Ameisen tun. Als mir schließlich diese Gesellschaft lästig wurde, zerbrach ich ihr Haus und verjagte sie, wenn ich ihr Treiben sah.

Die Hitze bekam mir nicht gut, und ich sah mich deshalb gezwungen, früher nach Hause zurückzukehren, als ich gedacht hatte.

11. Vorschlag zu einem kleinen Projekt:
    - Maria Sibylla Merian schreibt ein Bord-Tagebuch. (Sie müssen dazu einige Recherchen anstellen! Es gibt Biografien und Romane über sie.)
    - Maria Sibylla Merian schreibt einen – fiktiven – Brief vor der Abreise, in dem sie ihre Absichten und Motive darlegt.
    - Kritisiert Maria Sibylla Merian den niederländischen Kolonialismus? Wenn ja, in welchen Punkten?

1701–1717 Amsterdam. Maria Sibylla Merian lebt bis zu ihrem Tod im Haus ihrer Tochter Dorothea und deren Ehemann Philipp Hendriks, einem Chirurg aus Heidelberg. Dieses Paar wird später nach St. Petersburg ziehen. Maria Sibylla Merian arbeitet an der Veröffentlichung und Finanzierung ihrer Bücher: Neue Auflagen des *Raupenbuchs I bis III* erscheinen und 1705 ihr Hauptwerk: *Metamorphosis Insectorum Surinamensium,* lateinisch und niederländisch.

ÜBER MOTIVE UND ABSICHTEN

Immer wieder finden sich in den Äußerungen Maria Sibylla Merians drei Schlüsselbegriffe: die unfassbare Schönheit der Natur, Gottes Allmacht und „wunderbare Aufsicht" sowie die Absicht, Gottes Ruhm zu verkünden. Zusammen mit der Verwendung der Muttersprache sowie einer leicht verständlichen, nachvollziehbaren, weil schnörkellosen Diktion sind das wesentliche Merkmale der physikotheologischen Naturauffassung und Naturbeschreibung.
Diese weit verbreitete Auffassung beruht auf der Ansicht, aus der zu beobachtenden Ordnung, Zweckmäßigkeit und Schönheit in der Natur lasse sich auf Gottes unendliche Weisheit und Kraft, somit auf sein Vorhandensein schließen (sog. „teleologischer" Gottesbeweis). Merians Naturbücher haben nicht wenig zur Verbreitung dieser ästhetisch geprägten Naturtheologie beigetragen, die im 18. Jahrhundert eine wahre Massenbewegung wurde. In diesem Zusammenhang sind u.a. auch die naturkundlichen Sammlungen zu sehen sowie die im Titeltext des *Raupenbuchs* genannten Adressaten.

Verfertigen – und halten – Sie ein Referat mit Bildern (Folien): Leben und Werk der Maria Sibylla Graff, geb. Merian.

Statt eines Referats ist auch eine Foto-Dokumentation einzelner Stationen ihres Lebens denkbar.

Der große Stellenwert, der in diesem Zusammenhang der Schönheit zukommt, wird bei Merian, der Malerin, besonders hervorgehoben durch die ästhetisch „schöne" Komposition ihrer Bilder aus – z. T. separaten – Einzelteilen.

Gelbe Mombinpflaume und Blaufee

Schwarzkümmel

So nun jemand all diesem weiter nachzusinnen beliebt und seine Gedancken ein wenig anwenden will, wie GOtt oft manches gantz unachtbares und (wie wir vermeinen) auch unnützes Ding so wunderbar und schön durch seine Magd die Natur ausziere, der hat allerseits genugsam Anlaß hierzu, seine Andachts-gedanken dadurch besser auszuüben.

Zumalen ich ein sattsames Vergnügen noch täglich darinnen befinde; indem ich wohl sehe, dass auch das allergeringste Thierlein, so GOtt geschaffen, und dabey von vielen Menschen für unnütz gehalten wird, ihnen dannoch GOttes Lob und Weisheit vor Augen stellet: Sintemal so vieler Raupen, Sommervögel und Motten unvergleichliche Schönheit in sonderbaren Farben, und ordentlicher Zeichnung bestehend, unserem stets-neubegierigen Gesicht keine geringe Belustigung verursachen; welcher keines Menschen Kunst, solchem beyzukommen, noch erreichen, mag.

So oft nun solches geschen hat man Gottes sonderbare Allmacht und wunderbare Aufsicht auf so unachtbare Thierlein und unwerthe Vögelein gerühmt und hoch gepriesen. Welches dann auch mich so weit gebracht und endlich dahin bewogen, zumal da ich oftmals von gelehrten und furnehmen Personen darum ersucht und gebeten worden der Welt in einem Büchlein solches Göttliche Wunder vorzustellen: Suche demnach hierinnen nicht meine sondern allein Gottes Ehre Ihn als einen Schöpfer auch dieser Kleinsten und geringsten Würmlein zu preisen.

1. Welche „Sehweise" ist das, wenn Maria Sibylla Merian zwar die Tiere – und ihre diversen Gestalten – auf der Hauptfutterpflanze zeigt, dabei aber – aus ästhetischen Gründen – Größenverhältnisse und Perspektiven „unrealistisch" zusammenstellt: emblematisch, forschend, ästhetisch-künstlerisch, weltverneinend, kritisch …?
   Begründen und differenzieren Sie Ihre Ansicht in einigen Thesen. **E**

URTEILE UND VEREINNAHMUNGEN

Schon zu Lebzeiten war Maria Sibylla Merian – zumindest in der gelehrten und künstlerischen Welt – bekannt und geachtet.
Urteilen Sie selbst, welche Beurteilungen zutreffend erscheinen und warum:

„[…] wie sie dann […] die verlangte gute Information […] mit großen Fleiß, Zier und Geist so wol in der Zeichnung, als in den colorirten Farben, und Rundirungen meisterhaft zuwegen gebracht."
(Joachim von Sandrart, 1606–88, Schüler von Vater Merian)

„Nicht die Entdeckung von Neuem war Merians Verdienst, sondern die Verbreitung von bereits Bekanntem, also das Bemühen, wissenschaftliche Erkenntnis einem großen Publikum nahe zu bringen, um möglichst viele Menschen am Wunder der Metamorphose teilnehmen zu lassen."
(Heidrun Ludwig, 1997)

„[…] Neugier erweckt das, was vor kurzem die äußerst ruhmvolle Frau, die hoch begabte Maria Sibylla Graff, über die Insekten aus eigener Erfahrung veröffentlichte. […] Ein Werk, gleichermaßen elegant und den Augen angenehm, wie den Geist belebend, sodass es nicht genügend empfohlen werden kann. […]"
(Hermann Coning, Prof. Med et Pol., 1606–81; Original lat.)

„[…] ein überaus nettes, curieuses und artiges Werck."
(Caspar Ebert, 1706 in *Eröffnetes Cabinett deß Gelehrten Frauen-Zimmers*)

Maria Sybille Merian.
Stich von Houbraken

„Sintemal ich sonst diß mühsame Werklein nie angefangen, viel weniger in Druck zu geben mich überreden lassen: Absonderlich, wann man mir solches als einer Frauen (die nur neben ihrer Haussorge diß zusamm tragen müssen) für eine unziemende Ehrfurcht halten solte."
(Maria Sibylla Merian, *Raupenbuch I,* 1679, Nachwort)

„Zwischen Naturbeschauung und malerischen Zwecken"
(J. W. von Goethe)

„Wissenschaftliche Pionierleistungen"
(Wolf Dietrich Beer)

„ […] erste Europäerin, die mit Recht als Pionier- und Forschungsreisende bezeichnet werden kann."
(Ingeborg Solbrig, 1985)

„Merian ist vorbildhaft, weil sie männliche Rollen und Räume erobert."
(Viktoria Schmidt-Linsenhoff, 1997)

„Die Kombination von gestaltetem Bild und Text ist eine große Leistung, die über andere zeitgenössische Lösungen hinausgeht. In ihrer Text-Bild-Verbindung überlagert und ergänzt sich der künstlerische mit einem neuen empirischen Zugang der Naturforscherin Merian. Ihr bewusster Verzicht auf gängige Klassifikationsschemata und die Erzählung der Lebensgeschichte des Insektes hebt ihr Werk zudem deutlich von denen anderer Forscher ab. Mit dem Gedanken des zyklischen Prozesses überschreitet Merian die überkommenen Vanitasvorstellungen."
(Kurt Wettengel, 1997)

1. Schreiben Sie einen kurzen Artikel zu Maria Sibylla Merian für ein Jugend-Lexikon.
2. Würdigen Sie in einem persönlich gehaltenen Bericht die Persönlichkeit Maria Sibylla Merians.
3. Fertigen Sie eine Text-Bild-Dokumentation zu Maria Sibylla Merian mit dem Schwerpunkt: Was mir an Maria Sibylla Merian bemerkenswert erscheint.
4. Projekt-Vorschlag: ein „Malerbuch" mit (eigenen oder fremden) Bildern und Texten zu einem Thema aus dem Gegenstandsbereich Literatur des Barock oder ein „Malerbuch" mit eigenen Bildern und Texten zu einem selbst gewählten Thema.

500-DM-Schein mit idealisiertem Porträt der Maria Sibylla Merian

In der feministisch ausgerichteten Literatur finden sich Urteile wie „eine bewundernswert selbstständige Natur" (1951), „Maria Sibylla Merians Wunsch war, ein Mann zu sein" (1964), der „frühe Pietismus" sei „Wegbereiter zur Emanzipation der Frau".
Erinnert sei auch an die Namensgebung für einen ICE-Zug: Mobilität, Dynamik ebenso wie Geschäftstüchtigkeit, Karriereabsicht und Durchsetzungsvermögen werden damit angesprochen.

E 5. Wie stehen Sie zu dieser Beurteilung einer Frau des Barock?

... was ich für Angst empfunden

Das 17. Jahrhundert kann man unter den unterschiedlichsten Aspekten betrachten. Da war zum einen die religiöse Gewissheit, die sich im Glauben an eine jenseitige Welt Kraft und Geduld für die diesseitige holte: in katholischen Gebieten in der überquellenden Frömmigkeitspraxis mit prächtigen Kirchen und Klöstern, Heiligenverehrung, Prozessionen und Wallfahrten, Wegkreuzen und Kapellen in den Feldern, dem Glockenläuten um 11 Uhr „contra turcos" bis hin zum häuslichen Brauchtum im Jahreskreis der Feste; in den protestantischen Ländern eher in strenger Innerlichkeit und täglicher Pflichterfüllung, in strenger Gottesdienstpraxis mit Predigt und Lied. Aber eben: Zwischen diesen beiden „christlichen Glauben" gab es keine Vermittlungen, sie standen sich feindlich gegenüber, schließlich sogar kriegerisch.
Man betete zu Gott, er möge die Menschen bewahren vor Feuer, Pest und Hungersnot; solche Ereignisse musste man als naturgegeben hinnehmen. Man betete täglich um „Frieden in unserer Zeit"; und man machte doch 30 Jahre lang schreckliche Kriegserfahrungen. Man wähnte sich im Glauben geborgen; und man verfolgte doch Andersgläubige als Ketzer. „Hexen" wurden als Ketzer angesehen, systematisch verfolgt und verbrannt.

ES IST EIN SCHNITTER HAISST DER TODT – KRIEG

Hans Ulrich Franck: Flugblatt zum Friedensschluss 1648

Angekündigt von der Fama* mit Posaunen, bringt Merkur, der Götterbote, den Friedensbrief vom Himmel. Nach Wien, Paris, Stockholm sind Friedensboten unterwegs. Die Waffen sind niedergelegt, die „donnernde Karthaun*" zerbrochen. Die Bewohner verstecken sich nicht länger; sie stehen vor ihren Häusern. Über die schwarze verbrannte Erde mit dem Toten-Kreuz reitet der Friedensbote, das Ende des 30-jährigen Schreckens zu verkünden.

*Fama: Gerücht; hier dargestellt als eine Muse

*Karthaune: grobes Geschütz

Wie bedrängend die Wirklichkeit des sich dahinziehenden Kriegs empfunden wurde, zeigen einmal die Textauszüge aus Grimmelshausens Roman (vgl. S. 33 ff.) sowie die Bilder vor Raub, Plünderungen und Mord (vgl. S. 34 und 36).

Wie Krieg auch dann zerstörerisch war, wenn „freundliche" Truppen, also konfessionsgleiche, in einer Stadt auftauchten, zeigt ein Bericht nach der Chronik aus der kleinen westfälischen Stadt Lügde, deren Einwohner damals zum evangelischen Glauben übergetreten waren:

Am 15. März 1622 erschien der zum Heere Christians gehörige Oberstleutnant von Uslar mit einigen Reiterkompagnien vor Lügde, um sich dort einzulagern. Zu ihm gehörte auch die Kompagnie des aus dem Lippischen gebürtigen Rittmeisters Heuwinckel. Uslar wurde eingelassen. Er versprach zuvor, die Bürger gegen eine Brandschatzung von 500 Thalern unbeschwert zu lassen. Die Geldsumme sollte einstweilen auf dem Rathause niedergelegt werden. Dies geschah auch. Trotzdem drangen abends Soldaten in den Weinkeller des Rathauses und holten für mehr als 600 Thlr. Wein und Branntwein heraus. Dann raubten sie Silberwerk, Zinnsachen und vergoldetes Geschirr, das auf der Schatztruhe stand, aus dieser selbst die darin aufbewahrten Weingelder, dazu die für ihren Oberstleutnant bestimmten 500 Thlr. Inzwischen müssen sie dem Wein und Branntwein tüchtig zugesprochen haben. Eine förmliche Zerstörungswut befiel sie. Im ganzen Rathause schlugen sie Türen und Fenster, Tische und Gestelle, Kachelöfen, Kisten und Kasten entzwei, dabei nahmen sie Geld und alles, was ihnen sonst gefiel, als gute Beute an sich. Danach zogen sie zur Stadtkirche. Hier erstiegen sie den Chor und raubten dort die silbernen Abendmahlskelche. […] Immer wüster gestalteten sich die Ausschreitungen, auch die Bürger blieben jetzt nicht mehr verschont, ihre Häuser wurden geplündert, sie selbst so gepeinigt, dass „es einen Stein hätte erbarmen mögen".

Die folgende Abbildung zeigt den Krieg aus der Sicht des Siegers: triumphal, die „große Persönlichkeit" im Mittelpunkt ohne Gedanken an Not und Tod. (Nebenbei: Die oben erwähnte Stadt Lügde erscheint auf dem 2. Bild von rechts in der ersten Reihe.)

Zeitgenössische Flugblatt-Darstellung der von Christian von Braunschweig (dem „tollen Christian") eroberten, besetzten und verbrannten Städte und Orte

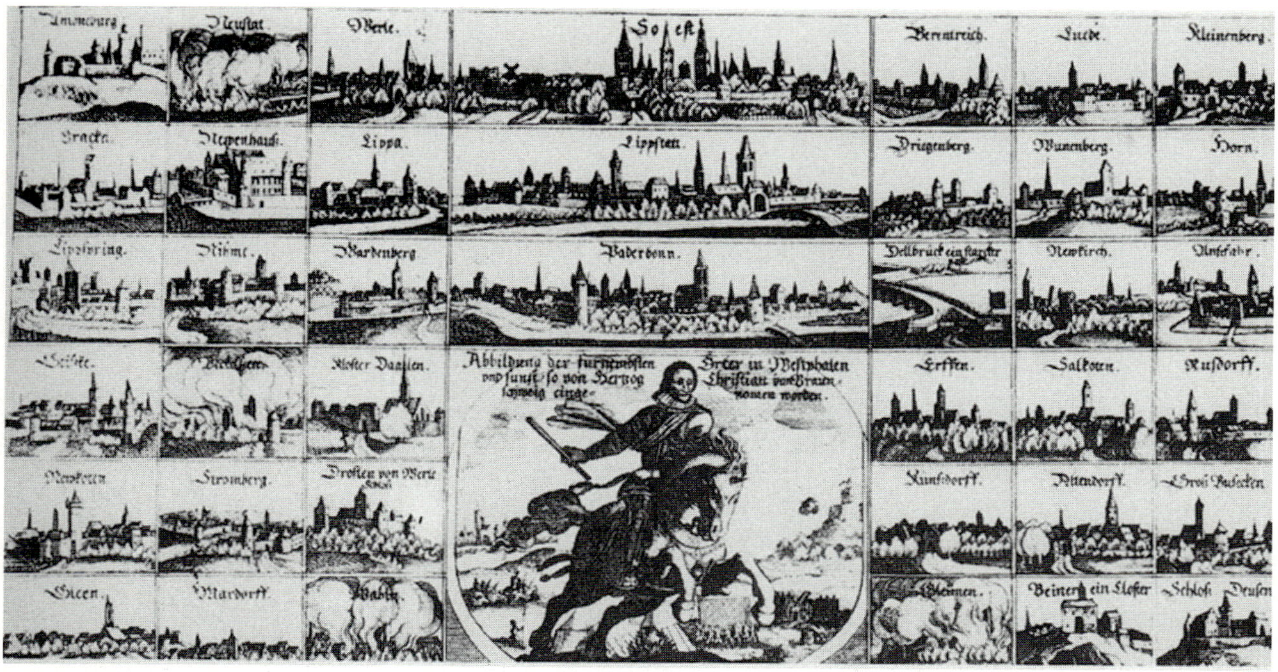

1. Sie sind Augenzeuge! Sie erleben z. B. als Dorfbewohner, wie Marodeure ein Dorf verwüsten (vgl. S. 34), oder als Bürgermeister von Lügde, wie Kriegsvolk mit Zivilisten umspringt. Schreiben Sie Ihre Erlebnisse und Gedanken auf.
2. Zeigen Sie sich gegenseitig die Einzelheiten auf dem Stich von M. Merian (S. 69).
3. Eine Beobachterperson (Grimmelshausen oder Simplicius oder Merian …) streift durch das Bild und erzählt, was sie gesehen und erlebt hat.

Matthäus Merian d. Ä.: Belagerung von Magdeburg (1631)

1636 fasste Andreas Gryphius die Leiden des Glaubenskrieges in seinem wohl bekanntesten Gedicht zusammen:

Andreas Gryphius
Threnen des Vatterlandes / Anno 1636

1 WIr sindt doch nuhmer gantz / ja mehr den gantz .... !

1 Der ...... völcker schaar / die .... posaun

1 Hatt aller schweis / vnd fleis / vnd vorraht auff gezehret.

1 Das vom blutt .... schwerdt / die .... Carthaun

2 Die türme stehn in glutt / die Kirch ist vmbgekehret.
2 Das Rahthaus ligt im graus◆ / die starcken★ sind zerhawn.
2 Die Jungfrawn sind geschändt / vnd wo wir hin nur schawn
2 Ist fewer / pest / und todt der hertz vnd geist durchfehret.

3 Hier durch die schantz vnd Stadt / rint alzeit .... blutt.
3 Dreymall sindt schon sechs jahr als vnser ströme flutt
3 Von so viel .... schwer / sich langam fortgedrungen.

4 Doch schweig ich noch von dem was ärger als der ....

4 Das nun der Selen schatz / so vielen abgezwungen.

4 Was grimmer den die ...... / vndt .... vndt hungers noth

◆graus: hier in der Bedeutung von Staub, Schutt; vgl. Grus
★Mit „Starken“ wurden einmal die Befestigungsanlagen bezeichnet. Dann war das Wort die Bezeichnung für die Besatzung dieser Befestigungen. Als dritte Bedeutung findet sich: Mannschaftsstärke, ca. 1000 Mann.

4. Setzen Sie aus den Zeilen-Streifen das erste Quartett (1) und das zweite Terzett (4) des Sonetts zusammen. Endreim und Sinnzusammenhang / Syntax helfen.
5. Versuchen Sie die Lücken mit passenden Wörtern zu füllen (Mehrfachnennungen sind erlaubt). Bildlichkeit und Ausdrucksstärke sind gefragt!
6. Zeichnen Sie den Gedankengang des Gryphius-Sonetts von Strophe zu Strophe in Stichwort-Sätzen nach.

Hans Ulrich Franck: Krieg (Radierung; 1643/1656)

7. Welcher Aspekt von Krieg / Frieden wird jeweils besonders herausgestellt
   - im Flugblatt von H. U. Franck (S. 67),
   - in der Radierung von H. U. Franck (s. o.),
   - im Merian-Stich über Magdeburg (S. 69)?

   Formulieren Sie je eine Bildunterschrift.

Andreas Gryphius

Grabschrifft Marianae Gryphiae seines Bruders Pauli Töchterlein*

*Marianne Gryphius wurde 1637 während eines Brandes kurz vor der Flucht der Familie geboren

Gebohren in der Flucht / umbringt mit Schwerd und Brand
Schir in dem Rauch erstückt / der Mutter herbes Pfand
Des Vatern höchste Furcht / die an das Licht gedrungen
Als die ergrimmte Glutt mein Vaterland verschlungen.

Ich habe dise Welt beschawt und bald gesegnet:
Weil mir auff einen Tag all Angst der Welt begegnet.
Wo ihr die Tage zehlt; so bin ich jung verschwunden
Sehr alt; wofern ihr schätzt / was ich für Angst empfunden.

8. Erläutern Sie die drei unterstrichenen Metaphern nach der Form ihrer Bildung: z. B. mittels Verb (verbal); mittels Attributierung (attributiv); mittels Substantiv (nominal). Welches ist der jeweilige emotionale Gehalt? Sie können diese Metaphern auch zeichnen!
9. Inwiefern wird Zeile 2 der Strophe 2 zu einem Emblem?
10. Anregung zu einem kleinen Projekt:
    - Erstellen Sie eine „Dokumentation" zu folgenden Fragen:
      Welches Bild vom Krieg zeichnen die Texte des Romans *Der abenteuerliche Simplicissimus?*
      Welches Bild vom Krieg zeigen die Gedichte aus der Zeit?
    - Schreiben Sie eine Bildinterpretation zu H. U. Francks Radierung *Krieg* für die Kulturbeilage einer heutigen Tageszeitung aus Anlass der Jahrhundertfeiern des Westfälischen Friedens.

„ICH BRINGE DIR DIE VNHOLDEN ZU ..."* – VOLKSGLAUBEN UND MAGIE

*Segen der Margaretha Lönnecken (1597)

Der Glaube an das Übersinnliche, an gute und Schaden bringende Mächte prägte jahrhundertelang das Fühlen, Denken und Handeln der Menschen. Volksglaubensvorstellungen waren auch nach der Christianisierung des frühen Mittelalters sehr mächtig. Obwohl die alten Werte in Frage gestellt worden waren, hielt das Volk noch weiterhin daran fest. Dämonen, Geistern und Hexen schrieb man eine grenzenlose Macht zu, und alles, was das menschliche Fassungsvermögen überstieg, deutete man als deren Wirken: Sie fügten Feld und Hof, Menschen und Vieh Schaden zu, verdarben die Milch und die Ernten, hexten Unwetter, Kälteeinbrüche und Hagel herbei, verursachten Krankheiten („Hexenschuss") und Impotenz, Missbildungen, Kindstode und Unglücksfälle. Im frühmodernen Europa sind viele „Hexen" beschuldigt worden, ihren Opfern eine Anzahl von Dämonen in den Leib geschickt zu haben. Der Verdacht, eine Person habe diese außergewöhnliche Macht, war oft die Grundlage eines Hexereiverfahrens.

Wiege mit Drudenfuß (ca. 1770; Schutz gegen Säuglingssterblichkeit)

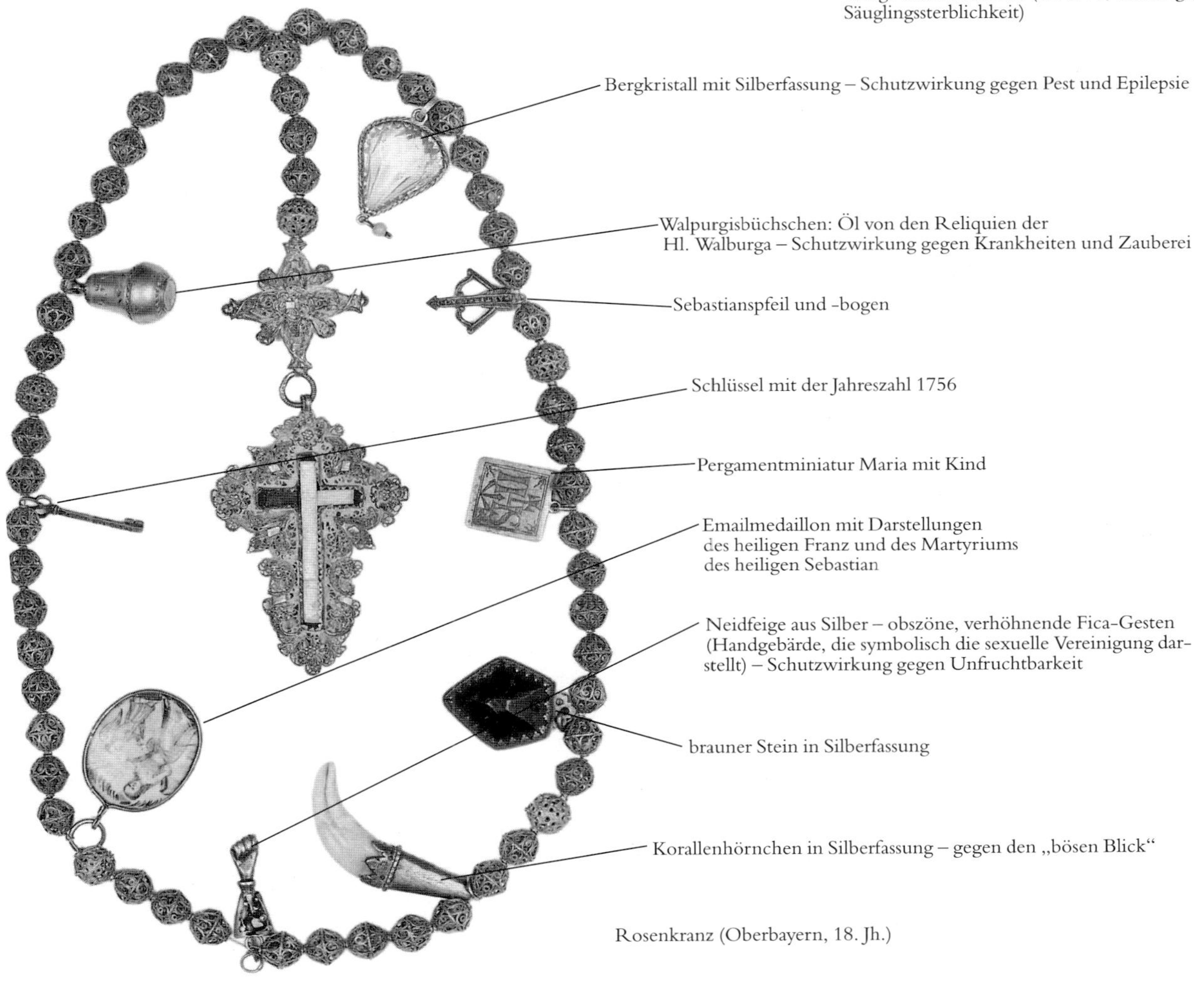

Rosenkranz (Oberbayern, 18. Jh.)

Schutz- und Abwehrzeichen sollten den bösen Mächten den Zugriff verwehren. Zauberutensilien und Zauberformeln wurden allenthalben hergestellt, gehandelt oder verschenkt. Heil- und Schriftkundige spielten bei der Herstellung und Verbreitung der Zaubergegenstände eine wichtige Rolle: Scharfrichter, Quacksalber, Hebammen, Kräuterweiber, Ratsherren, Richter und Pfarrer. Man setzte zum Schutz vor Hexerei auch als Heilmittel Amulette und Talismane ein, denen man eine magische Wirkung zuschrieb.

1. Wo begegnet Ihnen heute der Glaube an die Wirksamkeit magisch-zauberischer Kräfte?
2. Untersuchen Sie, welche Rolle dabei die Konsumgüterindustrie spielt.

„Deutschland,
so vieler Hexen Mutter“
(Friedrich Spee von Langenfeld, 1631)

„Der Tod ist ein Meister aus
Deutschland“
(Paul Celan, *Todesfuge,* 1945)

Im ausgehenden Mittelalter setzten Hexenverfolgungen ein, in Deutschland zwar später als in Süd- und Westeuropa, dafür aber intensiver. Dass es sich dabei um einen weiblichen Holocaust gehandelt hätte, ist historisch nicht haltbar, und reißerische Veröffentlichungen über die „Vernichtung der weisen Frauen“ missachten in ihrer monokausalen Ausrichtung fast alle Regeln einer wissenschaftlichen Vorgehensweise. Außerdem reicht Frauenfeindlichkeit bis in die Antike zurück, auch wenn sich zu Beginn der Neuzeit die Situation der Frauen sehr verschlechtert hat. Auch muss mit dem Vorurteil, dass Heilerinnen und Hebammen eine bedeutende Zielgruppe der Verfolgungen gewesen wären, aufgeräumt werden. Die Obrigkeit wusste sehr wohl zwischen heilender und verbotener Magie zu unterscheiden.

Hans-Baldung Grien: Die Wetterhexen
(Das Bild entstand etwa zeitgleich mit der Herausgabe der 1. Auflage des *Hexenhammers.*)

Bis zum 11. Jahrhundert wurden Zauberei und Ketzerei in der Hauptsache mit Kirchenbußen bestraft. Die eigentliche Waffe der Kirche gegen Zauberei war seit dem 13. Jahrhundert das kirchliche Inquisitionsverfahren. *Der Sachsenspiegel* (1220–1235) sah für Schadenszauber die Hinrichtung auf dem Scheiterhaufen vor. Dabei rückte die Folter als Prozessmittel in den Vordergrund. Die Bulle *Summis desiderantes affectibus* von Papst Innozenz VIII. leitete den Höhepunkt der Hexenverfolgungen ein und diente als Rechtfertigung des 1487 publizierten *Malleus maleficarum,* des *Hexenhammers.*
50 % der geschätzten 50000 oder 60000 Hexenverbrennungen fanden in Deutschland statt. Hier lag das Zentrum der Verfolgungen, die zwischen 1560 und 1630 ihren Höhepunkt erreichten.

Das Delikt der Hexerei umfasste fünf Hauptelemente:
1. Teufelspakt
2. Teufelsbuhlschaft (sexuelle Vereinigung mit dem Teufel)
3. Flug durch die Luft
4. Hexensabbat (Abschwören von Gott und Teufelsanbetung)
5. Schadenszauber

Ein großer Teil dieser Vorstellungen findet sich im so genannten *Hexenhammer (Malleus maleficarum)* der Inquisitoren Heinrich Cramer alias „Institoris“ und Jakob Sprenger. *Der Hexenhammer* brachte die Hexenlehre zum Abschluss und spitzte sie auf die Frauen zu:

Daher sagt Chrysostomus über Matth. 19: „[...] Was ist das Weib anders als die Feindin der Freundschaft, eine unentrinnbare Strafe, ein notwendiges Übel, eine natürliche Versuchung, ein wünschenswertes Unglück, eine häusliche Gefahr, ein ergötzlicher Schade, ein Mangel der Natur, mit schöner Farbe gemalt [...].“

Lucas Cranach der Ältere:
Der Hexenflug
(Ausschnitt aus: Melancholie)

Für die besondere „Neigung der Frauen zur Hexerei" sprechen mehrere Gründe:

[...] der erste ist der, dass sie leichtgläubig sind, und weil der Dämon hauptsächlich den Glauben zu verderben sucht, deshalb sucht er lieber diese auf. [...] Der zweite Grund ist, weil sie von Natur wegen der Flüssigkeit ihrer Komplexion leichter zu beeinflussen sind zur Aufnahme von Eingebungen durch den Eindruck gesonderter Geister. [...] Der dritte Grund ist, dass ihre Zunge schlüpfrig ist, und sie das, was sie durch schlechte Kunst erfahren, ihren Genossinnen kaum verheimlichen können und sich heimlich, da sie keine Kräfte haben, leicht durch Hexenwerke zu rächen suchen. [...] Item kann auch der Grund angefügt werden, da sie hinfällig sind, sie auch desto schneller den Dämonen Kinder opfern können, wie sie denn auch so handeln.

Selbst Martin Luther urteilt in einer Predigt 1526 über *Exodus* 22,18:

Es ist ein überaus gerechtes Gesetz, dass die Zauberinnen getötet werden, denn sie richten viel Schaden an, was bisweilen ignoriert wird, sie können nämlich Milch, Butter und alles aus einem Haus stehlen, indem sie es aus einem Handtuch, einem Tisch, einem Griff melken, das ein oder andere gute Wort sprechen und an eine Kuh denken. Und der Teufel bringt Milch und Butter zum gemolkenen Instrument. Sie können ein Kind verzaubern, dass es ständig schreit und nicht isst, nicht schläft etc. Auch können sie geheimnisvolle Krankheiten im menschlichen Knie erzeugen, dass der Körper verzehrt wird. Wenn du solche Frauen siehst, sie haben teuflische Gestalten, ich habe sie gesehen. Deswegen sind sie zu töten.

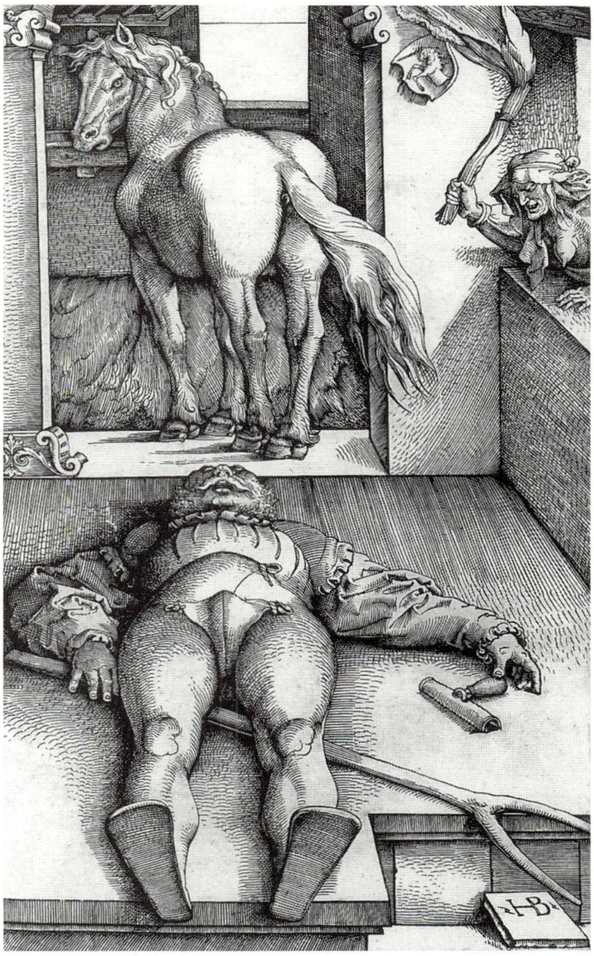

Hans Baldung Grien: Behexter Stallknecht
(Holzschnitt; um 1544/1545)

Friedrich Spee

Der *Malleus* forderte die weltlichen Gerichte zu Hexenprozessen auf und gab praktische Anweisungen zu ihrer Durchführung.
Damit fielen fast die letzten Schranken, die Vernunft und Nächstenliebe gegen den Hexenwahn errichteten. Oftmals jedoch konnten nicht alle Zuschauer der Diagnose einer durch Hexerei verursachten Besessenheit zustimmen. Sie diskutierten vielmehr andere mögliche Interpretationen wie das Vorliegen einer Melancholie. Dennoch blieben z. B. die medizinischen Einwände von Johann Weyer (1515–1588), dem Leibarzt von Herzog Wilhelm von Jülich, Berge und Cleve, der Gelegenheit hatte, die in den Gefängnissen wegen Hexerei Eingezogenen zu behandeln, wirkungslos. Er erklärte sie für unschuldig, krank, irr und als „höchst beklagenswerte" Menschen und setzte sich dadurch vielen Schwierigkeiten aus. In einigen Fällen konnte er eine Freilassung erreichen. Auch die religiösen und juristischen Einwände des Jesuitenpaters Friedrich Spee (1591–1635), der als Beichtvater der zum Tode verurteilten Menschen die Falschheit der Anklagen durchschaute, blieben zunächst ohne Erfolg. In seinem Buch *Cautio Criminalis* (1631) schreibt Spee:

Häufig sind die Richter, denen die Hexenprozesse anvertraut werden, schamlose, niederträchtige Menschen; die Folter wird oft übermäßig und grausam angewandt; viele Indizien sind unzuverlässig und gefährlich und das Verfahren nicht selten gegen Gesetz und Vernunft.

Referieren sie über:
Jakob Sprenger und Heinrich Institoris, *Der Hexenhammer*
Friedrich Spee, *Cautio criminalis* oder *Rechtliches Bedenken wegen der Hexenprozesse*

1. Informieren Sie sich über die zeitgeschichtlichen und allgemein kulturellen Ereignisse zwischen 1550 und 1650.

DIE HEXENVERFOLGUNGEN IM 16. JAHRHUNDERT

Das Wetter spielt in Agrargesellschaften eine sehr große Rolle. So ist eine klimatische Verschlechterung, wie sie für die Jahrzehnte nach 1560 angenommen wird – „kleine Eiszeit" –, von Bedeutung. Härteres Klima führte zu häufigeren Missernten und damit zu dem größer werdenden Wunsch nach Ausrottung der „Schädlinge", also der Hexen, die man für diese Katastrophen verantwortlich machte. So war z. B. der lebenswichtige Roggen viermal so teuer wie zuvor. Als Folge der Misserntejahre traten Viehseuchen auf. Die Hungerkrise von 1570 betraf weite Teile Europas. 10 000 Menschen starben an der Pest und anderen Krankheiten. In diesen Jahren wurden die Hexenverfolgungen in Südwestdeutschland, im Elsass und in Lothringen zur Dauererscheinung. Nach nur vier billigen Jahren führte 1579/80 eine Teuerung zu erneuten Verfolgungen, die ein Zeichen für die nun erhöhte Sensibilität gegenüber den Hexen waren. Die extremen Preissteigerungen des späten 16. Jahrhunderts waren jedoch nicht nur durch exogene Gründe wie Klimaverschlechterung bedingt, sondern hatten auch endogene Ursachen:
Ein über 100 Jahre anhaltendes Bevölkerungswachstum hatte die Landwirtschaft in Europa an ihre Grenzen gebracht. In England und Holland spielten Hungersnöte keine Rolle und deshalb wurde dort viel weniger nach Hexen gesucht. Das Ausmaß an entwurzelten, nicht sesshaften Personen, Bettlern und Landfahrern war sehr groß. Die zunehmende Polarisierung des Reichtums auf Großbauern, Klöster, auf Teile des Adels, Händler, Kreditgeber führte zu einer zunehmenden Verhärtung der Beziehungen der Menschen untereinander. Die Abschließung der Zünfte wie der Adelsgesellschaft, die Aufstellung verbindlicher Normen durch Konfessionen und die beispiellose Brutalisierung der Justiz müssen dabei berücksichtigt werden. Nie wurden so viele Menschen hingerichtet wie zwischen 1560 und 1630, wobei über 90 % der Delinquenten wegen Gewalt-, Eigentums- und Sittlichkeitsdelikten sterben mussten.

Jede Arbeit hat ihren Preis. Auch das Umbringen von Menschen „von Amts wegen". Die mit den peinlichen Verfahren verbundenen Kosten waren erheblich. Üblicherweise wurden die Prozesskosten aus dem eingezogenen Vermögen der Hingerichteten bestritten. Überschüsse wurden an die weltliche und geistliche Gerichtsbarkeit weitergeleitet. Das Einäschern von 11 Hexen bringt nach einer Originalrechnung 425 Reichstaler ein.
Die Scharfrichterordung von Bessungen-Darmstadt besagt:

Einen Malefikanten in Öl gießen, thut dessen Lohn	24 kr.	
Einen Lebenden zu vierteilen	15 kr	30 Hlr.
Eine Person mit dem Schwert vom Leben zum Tod richten	10 kr.	
sodann den Körper auf das Rad zu legen	5 kr	
desgleichen den Kopf auf Spitzen stecken	5 kr.	
Einen Mensch in vier Theile reißen	18 kr.	
Einen Mensch zu henken	10 kr.	
Einen Körper zu vergraben	1 kr.	
Einen Mensch lebend zu spießen	12 kr.	
Eine Hexe lebend zu verbrennen	14 kr.	
Bei der Tortur, so berufen wird	2 kr.	30 Hlr.
Einem die spanischen Stiefel anlegen	2 kr.	30 Hlr.
Einen Delinquenten, so in die Folter gezogen wird	5 kr.	
Von einer Person in das Halseisen zu stellen	1 kr.	30 Hlr.
Einen mit Ruten ausstreichen	3 kr.	30 Hlr.
Den Galgen auf den Rücken brennen, auf die Stirn, oder auf die Backen		5 kr.
Einer Person Ohren und Nase abschneiden	5 kr.	
Eine Person Land und Ort zu verweisen	1 kr.	30 Hlr.

Ein radikaler Mentalitätswandel, nämlich von einer weltoffenen, genussfreudigen Renaissance-Mentalität mit volkstümlicher Festfreudigkeit zu dogmatischen, asketischen und jenseitsorientierten Denk- und Verhaltensweisen, trug unabhängig von den Konfessionen zu Hexenverfolgungen bei. So versetzten z. B. Prediger durch scharfe Predigten und Exorzismen die Bevölkerung in Aufregung. Dabei ging es auch um Hexenverbrechen, deren Existenz nun niemand mehr bezweifelte. Katholische wie protestantische Prediger riefen zur Hexenverfolgung auf. Damit bestärkten sie die bäuerliche Bevölkerung in ihrem Verfolgungsverlangen. Wenn mehrere Missernten aufeinander folgten, so potenzierte sich der Schaden und damit auch die Verfolgung.

HÖHEPUNKT DER HEXENVERFOLGUNGEN

Nach weiteren vier billigen Jahren begann 1585 wieder eine Teuerung, die alles Bisherige in den Schatten stellte. Zwar blieb eine extreme Hungersnot aus, doch dauerte diese Teuerung fast zehn Jahre und zwei große Pestepidemien dezimierten die Bevölkerung. Diese Agrarkrise erstreckte sich über ganz Europa. Zu Armut und Hunger unter der einfachen Bevölkerung in den Städten und auf dem Land gesellte sich die „große Angst", die die Menschen erfasste. Mit den Hexenbränden in vielen Teilen Deutschlands, Frankreichs und Schottlands kam es zur bis dahin größten internationalen Welle von Hexenverfolgungen. Die Kurtrier-Verfolgung setzte neue Maßstäbe, denn erstmals wurden in Deutschland in langjähriger Verfolgung mehrere Hundert Personen wegen Hexerei hingerichtet, wobei man alle sozialen Schranken fallen ließ, denn auch Adlige und Mitglieder der bischöflichen Regierung mussten die Scheiterhaufen besteigen. Als 1590 auf dem Höhepunkt der Verfolgung erstmals wieder eine gute Ernte eingebracht werden konnte, betrachtete man die Macht der Hexen als weit zurückgedrängt.
Die nächste lange Teuerungsperiode dauerte von 1607 bis 1617. Der Schwerpunkt der Hexenverfolgungen lag wieder in den Mainlanden, in Franken, Thüringen, Hessen und Nordwürttemberg. In Ellwangen dauerten die Verfolgungen von 1611 bis 1618 ununterbrochen an; so zählte man im September 1613 303 als Hexen verbrannte Menschen, im Oktober 1615 waren es 60 Brände und im August 1618 wurden 73 Menschen auf dem Scheiterhaufen verbrannt.
Von 1624 bis 1629 hielt eine weitere Dauerkrise an und sie mündete nach nur drei billigen Jahren in die Katastrophe von 1632–36. Auf Grund von Hungersnöten, Pestepidemien und der Kriegsgeschehnisse sank die Bevölkerungszahl um fast die Hälfte. Genau in diesen Krisenjahren hatten die Verfolgungen ihren Höhepunkt. Hinrichtungen machten aber nur die Spitze des Eisberges aus, denn daneben dürfte es noch einmal so viele

Menschen gegeben haben, die andere, geringere Strafen wegen dieses Verdachtes erleiden mussten, die im Gefängnis starben oder die, von ihren Familien verstoßen, elend zu Grunde gingen.
Im letzten Drittel des 17. Jahrhunderts kam es noch einmal zu großen Verfolgungen, denen vor allem Kinder und Jugendliche zum Opfer fielen. Einzelne Hexenhinrichtungen wurden jedoch das ganze 17. Jahrhundert und an manchen Orten noch länger durchgeführt.
Als 1775 mit Anna Maria Schwägelin die letzte Hinrichtung Deutschlands in Kempten stattfand, wurden bereits Stücke Goethes und Lessings aufgeführt. Die letzte legale Hexenhinrichtung Europas ereignete sich 1782 im Schweizer Kanton Glarus. Anna Göldin, eine Magd ohne Schulbildung, verheimlichte eine uneheliche Schwangerschaft und trieb ihr Kind ab. Man erhob gegen sie den Vorwurf, das Kind ihrer Dienstherrschaft verhext zu haben, sodass es Nadeln spucken musste.
1944 wurde in London der Hexenprozess, bei dem man sich auf die Hexenverordnung aus dem 18. Jahrhundert berief, gegen Helen Duncan geführt. Nach mehrfacher Verhaftung starb sie im Gefängnis an Schock.

1. Notieren Sie in Stichworten die Ursachen der Hexenverfolgungen und bringen Sie diese grafisch in einen Zusammenhang.
2. Berichten Sie darüber, wie Vorwürfe gegen andere Minderheiten diese zu Sündenböcken gemacht haben oder machen.

VERDACHT – VERHÖR – FOLTER – HINRICHTUNG: DIE STATIONEN DER HEXENVERFOLGUNG

Bambergische Peinliche Halßgerichts-Ordnung

Ausschlaggebend für die Verfolgungen war nicht selten die Stimmung unter der Bevölkerung. Besonders in Krisenzeiten wurden die Obrigkeiten regelrecht unter Druck gesetzt, denn alle schädlichen „unnatürlichen" Begebenheiten wurden den Hexen zugeschrieben, wobei kollektiver Schaden auch kollektive Anklagen nach sich zog, während individueller Schaden zu individuellen Klagen führte, die häufig von Frauen gegen Frauen erhoben wurden. Das hing damit zusammen, dass Frauen nicht die Möglichkeit hatten, rechtlich gegen jemanden vorzugehen. Das bedeutet, dass die Klage ein geschlechtsspezifisches Mittel des Konfliktaufwandes war, wobei jedoch Schadenszauber im Gegensatz zum gezückten Messer nicht akzeptiert wurde. Schadenszauber wurde fast ausschließlich Frauen zugeschrieben, da die Wirkräume – Essen, Kinder, Vieh, Milch – den Frauen unterstanden. Man muss bedenken, dass der Hexereivorwurf extrem schwer nachzuweisen war und deshalb praktisch nur durch freiwillige oder erzwungene Selbstbezichtigung möglich wurde. Ein großer Teil des Hexereideliktes (z. B. Flug durch die Luft, Teufelsbuhlschaft) war ohnehin nicht nachweisbar. Die Reichsgerichtsordnung „Carolina" von 1532 bestimmte in Art. 44, dass erst eine Kombination von Verdachtsmomenten den Gerichten die Folter erlauben sollte. Dabei war die Folter wie in allen anderen Strafprozessen an Regeln gebunden. So war z. B. mehrfache Tortur nicht erlaubt. Bei den Hexenverfolgungen galten normale Prozessbedingungen nicht mehr. Es wurde eine Art Notstandsrecht konstruiert: So konnte bereits bloßer Verdacht zur Verhaftung führen, die Folter konnte so lange, so oft und mit solchen Mitteln ausgeübt werden, dass ein Geständnis unweigerlich erzielt werden konnte. Die Wiederholung der Tortur wurde einfach als Fortsetzung bezeichnet, und was die Folterwerkzeuge betraf, gab es keine Grenzen!

Was bei den Hexenverfolgungen neben der Macht der Vorurteile und der Grausamkeit des justiziellen Vorgehens erschüttert, ist die Rationalisierung der Hexenprozesse. So wurden in Bamberg während der großen Verfolgungswelle 1626–1630 für die einzelnen Opfer Nummern eingesetzt.

Mit der Folter betraut waren die Scharfrichter, die jedoch von Vertretern der staatlichen und kirchlichen Obrigkeit beauftragt und überwacht wurden. Alle Juristen und Theologen, letztere meist als Beichtväter, kannten die Folterverhöre der Hexenprozesse. Eine eindeutige Antwort darauf, wer denn die Opfer der Hexenprozesse waren, lässt sich nicht geben. Zu Beginn der Hexenprozesse kommt das Klischee der Märchenhexe – weiblich, arm, alt, hässlich, eigenartig, isoliert – den damaligen Vorstellungen noch recht nahe. Geschlechteranteil, Alters- und Sozialstatus variierten jedoch. Bei der Verfolgungswelle um 1590 lag der Frauenanteil höher als 90%, um 1638 dagegen nur bei 30%, mehr als 70% waren jünger als 22. Am Ende der großen Hexenjagden findet man als Opfer das Gegenteil zur Märchenhexe: den reichen, ständisch gehobenen, sozialintegrierten Mann wie z. B. den Bamberger Bürgermeister Junius.

Bei dem folgenden Text handelt es sich um Auszüge aus einem vorgegebenen Frageschema für Hexenprozesse von 1590:

Warum Sie vermain, das sie hierher gefireth worden? (1)
Wie lang es dannher sey, das sie in dieses hochverdambte Laster der hexerei geraten? (2)
In was gestalten anfangs der leidige Teifel zu ihr khumen war, Item zu Morgen, Mitags, abents oder nachts? (3)
Was er hernachen an sie begert und warumben sie eingewilligt habe? (4)
Was ihr der Teifel versprochen und was er ihr geben? Item an was Gebärden sie ihn erkhend habe? (5)
Was sie mit ihren Teiflischen Pulver und Salben für leith und vieh umgebracht, wie lang dies her seye und warumben sie es gethan? (6)
Wer darzue geholfen? (7)
Wass leithen und vieh für krankheiten zuegefieget, wo, wie lang es sey, warumben und wer darzu geholfen? (8)
Was sie der heiligen hostien für unehr angethann und wie offt dieselben aus dem Mund genommen? (9)
Wohin sie solche heiligen hostien gelegt, gethann, geworfen oder sonsten vertragen habe? (10)
Wie offt sie ausgefahren? (11)
Wan es finster gewesen, wie sie sich in der Luft erkhennen mögen, wo sie seye? (12)
Was für speisen vor der handt gewesen? (13)
Mit wenne ein yedes Tannze und, mit weme sie getannzt habe? (14)
Wie sie die sachen angegangen, dass ihr ehemann inzwischen nicht erwacht ist? (15)
Was für persohnen droben gewesen und wie lang sie mit einander getrunkhen? (16)
Wo inzwischen Ir pueldeifel gewesen, oder ob er auch mit getrunkhen habe? (17)
Wie offt sie zur nachts und auf was freithofen khumen und khinder ausgraben helfen? (18)
Wer dazue geholfen, weme die khinder zuegehört und mit weme sie es ausgegraben habe, wie lang es herr ist? (19)
Wie viel sie wether gemacht, wo sie es gemacht, und wehr darzue geholfen? (20)
Wie oft der Teifel außer den Hexen-Tänzen dahaimb oder anderer orthen zu ihr khommen? (21)
Wie offt der Teiffel im Jahr außer den hexen Tänzen mit ihr unzucht getrieben, an welchem Orth, im Haus oder sonnsten? (22)

1. Ordnen Sie diese Fragen nach Kategorien.
2. Überlegen Sie, was eine solche Verhörpraxis für die Opfer bedeutete.

DIE OPFER

Für Esslingen sind aus dem Zeitraum zwischen 1541 und 1666 75 Hexenprozesse gegen 72 Personen bekannt, wobei einige dieser Personen mehrfach angeklagt wurden. Zwischen 1596 und 1630 waren hauptsächlich Männer verurteilt, deren Anklage reale Delikte wie Sodomie, Vergewaltigung, Kinderschändung zu Grunde lagen. Neben dem auffällig hohen Anteil an Männern rücken die Quellen einen Personenkreis in den Mittelpunkt des Geschehens, der sich vor allem aus Außenseitern und Angehörigen der Unterschicht zusammensetzt.

FALLBEISPIEL I
DER PROZESS GEGEN MICHAEL HAISCH
„EIN HEXENMANN ABER SEY ER EINMAHL NIT!"

Daniel Hauff (1629–1665)

Einer der wichtigsten Bestandteile des magischen Weltbildes war die Überzeugung, dass es möglich sei, einer menschlichen Person einen Dämon in den Leib zu schicken. Wer glaubte, er sei das Opfer solch einer teuflischen Invasion geworden, fing an, sich dementsprechend zu benehmen, und wurde deshalb von anderen für besessen gehalten. Als der 17-jährige Sohn eines Webers aus Vaihingen (heute Stuttgart-Vaihingen), Hans Elsässer, trübsinnig wurde und sich für einen Abgesandten des Teufels hielt und von der Teilnahme an Hexentänzen erzählte, löste er eine Prozesslawine aus, die erst nach dem Tod Daniel Hauffs, der als Rechtsadvokat in den Diensten der Reichsstadt Esslingen stand und der die größte Hexenverfolgung, die die Stadt und die Filialdörfer erleben mussten, zu verantworten hatte, endete. Als sich der Esslinger Magistrat mit den Vorgängen um Hans Elsässer befasste, gab dieser einen ehemaligen Gesellen seines Vaters an, von dem er sich verfolgt glaubte.

Damit begann eine Reihe von Prozessen, die sich durch Beschuldigungen, die Verhaftete erhoben, ergaben. Die Beklagten wurden unter der Folter gezwungen, die Namen von Komplizen preiszugeben (zu besagen), was erneute Verhaftungen und Untersuchungen nach sich zog. Man kann davon ausgehen, dass der schlechte Ruf im Ort von großer Bedeutung war. So waren viele Personen verdächtig und es bedurfte nur noch eines konkreten Anlasses, einer Denunziation.

Am 21.1.1663 zogen Abgeordnete der Reichsstadt Esslingen in Vaihingen auf den Fildern Erkundigungen über Michael Seher, einen dreißigjährigen verheirateten Metzger, ein. Da dieser beim Verhör einen nervösen Eindruck machte, sah man den Verdacht bestätigt und überführte ihn nach Esslingen. Dort erhielt er von seinem Schwiegervater Michael Haisch einen Brief, der abgefangen wurde und in dem Haisch schrieb:

Wehre dich, solange du kannst. Wenn du aber schwätzen musst, so verschone doch uns und gib uns nicht an, denn dir wäre mit unserem Blute nichts geholfen und du müsstest dennoch leiden. Wenn du zum Tode verdammt wirst, wollen wir dir etwas „Eßeriges" [Gift] schicken, dass du einen sanften Tod ohne Schmach bekommen kannst.

Schon vorher wurde allerdings gegen Michael Haisch ermittelt. In der Blase eines von ihm geschlachteten Ochsen sollen Glaskügelchen gefunden worden sein. Sie galten als „unnatürlich" und wurden in einem Prozess als Beweismittel verwendet. Bei seiner Verhaftung belastete ihn seine Frau Katharina schwer. Ausschlaggebend war wohl, dass Michael Haisch von Personen „besagt" wurde, die selbst wegen Hexerei im Gefängnis waren und Michael Haisch bereits als Komplizen benannt hatten. Die Befragung unter der Folter dauerte so lange, bis das Geständnis erfolgte. Zu Anfang beteuert er noch seine Unschuld:

Er sey ein Bidermann *(einfacher Mann)*, ein Kind Gottes ... Er sey itzt ein erschrockner Mann. Mann soll[e] ihn nit von Gott treib[en]. Am Jüngsten Tag woll[e] ers mit Gott beze[ugen], d[ass] er kein Hexenmann [sei]. Mann soll[e] ihm die Därm [au]s dem Leib reis[en]. Er sey 40 Jahr im Gericht, 10 Jahr Burgermaister, 20 Jahr Zuchtmaister. [Es] Soll[e] ein Bidermann herfür geh[en], der etwas derglich[en] [über] ihn wis[se]. Man soll[e] ihn besichtig[en], ob mann ein Te[u]ffelszaichen an ihm fünde. Der Schmid Jerg von Sindelfingen sey nur einmahl weg[en] seines Oxen vergang[enes] Jahr bey ihm gewesen. [...]

Bald darauf erfolgt sein erstes Geständnis:

Demnach anheütig vormittags *(Nachdem heute Vormittag)* der eingezogen[e] Haischen Michael beständig [au]f der Verläugnung [...] beharret [hat u]nd ihme mit der Tortur [au]f den Nachmittag betrohet *(gedroht worden ist)* ...
Von ihme [ist] aber anfangs gleich nur dis ängstlich gesagt wordt[en]: Was er heüt und sonsten mit seiner Fra[u ...] bekennet [habe], dorbey blib er.
Als ihm lang zugesprochen [worden war], sagt er: „Was soll ich dann bekennen?" [...] [Er] lamentiret immer nur: „Owj, owj, owj!"
[Es] scheint, er woll es bekennen: Er sey ja 40 Jahr zu Gericht gegangen, warum mann nie nichts ob ihm geklagt?
„Owj, owj, ich stirb von Laid, ich stirb von Laid! Owj, owj, mus ichs sag[en]: Er, d[er] alt Schelm, der Häfner, hatt ja mehr Le[ute] im Fleckh[en] *(im Ort)* verführt. Ich hab eben einmal mit dem Häfner in seinem Stall die Sach – ge[meint] die Sodomi – getrieben ..."

Nach einem Widerruf und der erneuten Beteuerung seiner Unschuld erreicht er zwar die Gegenüberstellung mit den Personen, die ihn denunziert hatten, doch belastet er sich selbst schwer, als er eine Zeugin der Hexerei bezichtigt und so selbst als Hexer dasteht, da er nur als solcher diese Behauptung aussprechen konnte:

Hierauff [wurde] ihm der Margaretha, Adam Häberlens Weib, Aussag vorgeles[en] und er sagt dar[über ...]: „D[as] gestehe ich nit!" Worauf diese Person selbst mit ihm confrontirt [wurde].
Michael soll sie sofort angeschrien haben:
„Hörst, du Hex, worum sagstu das?"
Sie: „Ey, du bist ein Hexenmann. Waist [du], wie d[u] Fahrsamen *(einen Samen, mit dem man jemandem schaden kann)* geholt [hast]? Des a[lten] Michel Elsässers Michel[en] hats gesagt ..."
Er: „Ah, du bist [e]in Hex!"
Sie: „So, so, waistu es? [Du] schlägest dich selber. Freylich hast [du] mich auch d[ra]ussen gesehen. Dahero haist es so wol sag[en]."

Michael Haisch weist die Anschuldigungen von sich, beruft sich auf seine Verdienste, doch kann er sich nach ersten, harmlos erscheinenden Zugeständnissen in den Befragungen nicht mehr retten. Während der elf Verhandlungstage, die manchmal vom Morgen bis zum Abend dauern, gibt Michael Haisch den Anschuldigungen nach und gesteht sogar, seinen Sohn Michael verführt und ihn die Hexerei gelehrt zu haben. Michael Haisch d. J. überlebt seinen Vater nur um zwei Wochen und wird „gnädigerweise" vor der Verbrennung enthauptet, weil er „Reu und Buß" zeigt.
In einem Brief an seine Mutter und seine Geschwister verflucht er seinen Vater:

Oh, liebe Muader, Oh liebe Geschwiestrig, sein getrost, mein Leib und Sell ist Gott befehl. Iber den Vater will ich noch schreien am Jüngsten Tag, aber Gott gibt ihm nicht so fil Gnad, daß er vor seinem Richterstuhl erscheinen kann; er bringt mich umb meins junges Leben.

1. Versetzen Sie sich durch Rollenspiel in die Situationszwänge der Personen von damals, die Verfolgung und Folter ausgesetzt waren.
2. Setzen Sie sich mit der noch heute existierenden üblen Nachrede oder mit Vorurteilen, die die Betroffenen in einen „Teufelskreis" (!) hineinziehen, mit allen Konsequenzen für die betroffenen Menschen auseinander.

FALLBEISPIEL II
DER PROZESS GEGEN REBEKKA LEMP
„ICH BIN AUF MEIN SEL VNSCHULDIG!"

Am 8. November 1588 ließ der Rat der Stadt Nördlingen Ursula Haider verhaften, die öffentlich von einer Teufelsbuhlschaft fantasiert und einen Kindsmord gestanden hatte. Obwohl sie allgemein als „närrisch" bekannt war, zeigte sich besonders der Bürgermeister Johannes Pferinger, erst vor kurzem zu Amt und Macht gekommen, wie besessen davon, seine Stadt von den „Unholden" zu befreien. In zahlreichen Verhören beschuldigte Ursula Haider weitere Frauen der Hexerei. Am 15. Mai 1590 fand in Nördlingen im Zuge dieser Verfolgung die erste Hexenverbrennung statt. Unter den Opfern waren Ursula Haider, Margarethe Getzler und Maria Marb. Die vor ihrem Tod erfolgten „Besagungen" führten auch zur Verhaftung der Zahlmeistersgattin Rebekka Lemp. Als ihr Mann sich außerhalb der Stadt befand, wurde die ungefähr vierzigjährige Frau und Mutter von sechs Kindern am 1. Juni 1590 verhaftet. Alle Schritte, die ihr Mann sofort nach seiner Rückkehr unternahm, blieben erfolglos. In einer vergeblichen Bittschrift an den Hohen Rat bescheinigt er seiner Frau, zu allen Zeiten gottesfürchtig, züchtig und ehrbar gelebt zu haben und dem Bösen zu jeder Zeit abgeneigt gewesen zu sein. Am 6. Juni belasteten Appollonia Aißlinger und die Ratsherrenwitwe Maria Schöpperlin bei einer Gegenüberstellung Rebekka Lemp schwer, indem sie behaupteten, sie bei Hexenzusammenkünften gesehen zu haben. Am 10. Juli wurden die beiden Frauen auf dem Scheiterhaufen verbrannt, ohne ihr falsches Zeugnis gegen Rebekka Lemp widerrufen zu haben.

Nach zweimonatiger Haft wurde Rebekka Lemp mit Daumenschrauben und spanischen Stiefeln gefoltert, bestritt jedoch alle Vorwürfe. Nur einen Tag später erfolgte eine abermalige Tortur, diesmal wurde sie mit auf den Rücken gebundenen Händen aufgezogen – beide Schultergelenke werden dabei ausgekugelt. Daraufhin legte sie ihr erstes Geständnis ab: Teufelsbuhlschaft und Teufelspakt.

Bei weiteren Verhören gestand sie Schadenszauber, den Flug durch die Luft und „besagte" in ihrer Verzweiflung weitere Frauen, ausschließlich aus ihrem Bekanntenkreis. Doch ihre Hoffnung, der Rat würde die Verfolgungen einstellen, je mehr angesehene Familien betroffen wären, erfüllte sich nicht. Im Gegenteil! Am 10. August widerrief Rebekka Lemp alle Geständnisse und erhob schwere Vorwürfe gegen den Rat der Stadt. Doch der hohe Rat erreichte den Widerruf des Widerrufs. Als sie am 20. August erneut gefoltert wurde, gestand sie, tote Kinder gegessen zu haben. Am 21. August gab sie unter erneuter Tortur einige Morde zu. Es waren jedoch dieselben Morde, die Ursula Haider gestanden hatte. Am 9. September wurde sie mit Anna Seng, Barbara Wörlin, Margaretha Hummel und Margarethe Frickinger auf dem Scheiterhaufen verbrannt.

Die Vorgänge um Ursula Haider kosteten 17 Frauen das Leben. Barbara Lierheimer und Dorothea Gundelfinger starben im Gefängnis. Aus der Haft entlassen wurden Maria Holl und Appollonia Rorendorfer.

Rebekka Lemps Briefe aus der Haft sind erschütternde Zeugnisse ihrer Seelenqual und Ausdruck der tiefsten Verzweiflung. Hatte sie sich doch durch ihre Selbstbezichtigungen gegen Gott und durch ihre Denunziation gegen ihre Mitmenschen versündigt. Sie schreibt nach dem 10. Juli ihrem Mann, dem städtischen Zahlmeister im Hallgebäude am Weinmarkt:

„Hexenhemd" (Schandkleid, „Drutenkleid"; 17. Jh.)
Hexenhemden wurden in Veringenstadt als Schandkleider während der Befragung und bei der Hinrichtung getragen. Auch an anderen Orten war es durchaus üblich, die „Hexen" in ein spezielles Gewand zu kleiden, um ihnen die Möglichkeit zu nehmen, Amulette oder Zaubermittel versteckt bei sich zu tragen. Die Gefangenen wurden durch diese Kleidung auch entpersonalisiert.

mein herz lieber schaz, bis ohne sorg – wann ire 1000 auf mich bekenten, so bin ich vnschuldig, oder es komen alle Deufel vnd zerreißen mich, – vnd ob man mich solt strenckhlich fragen, so kent ich nix bekenen, wan man mich zu 1000 stuckhen zerriß, – sey nun on sorg, ich bin auf mein sel vnschuldig, – wan ich gemartert wird, so glaub ichs nit, dan ich bin gar gerecht, – vater, wann ich der sach schuldig bin, so las mich Got nit fir sein angesicht komen ymer vnd ewig, – wan man mir nit glaubt, so wirdt Got der hechst darein sehen vnd ein Zeichen thuen. Dan, wan ich in der noht steckhen mueß bleiben, so ist kain Got im Himel, – verbirg doch fil fir mich. Du herst ye mein vnschuld,– vmb Gotes willen, las mich nit in der scheülichen not steckhen.

Ende des Monats schreibt sie mit Bleistift auf ein Stück Papier, angeblich aus einem Gebetbuch herausgerissen, folgenden Kassiber an ihren Mann:

O du mein auserwehlter schaz, sol ich mich so vnschuldig von dir scheiden muessen, – das sey Got ymer vnd ewig klagt ,– man net [nötigt] eins, es mueß eins reden, man hat mich gemartert, – ich bin so vnschuldig als Got im Himel, – Wan ich nur ein pünktlin vmb solche sach wist, so wolt ich, das mir Got den Himel versaget, – o du herzlieber schaz, wie geschicht meinem herz, – o we, o we meiner armen waisen, – vater, schickh mir etwas, das ich sterb, ich mueß sonst an der marter verzagen, – kanst heundt nit, so thues morgen, schreib mir von stund an, R. L.

Und auf der Rückseite steht:

Das ringlin trag von meint wegen, – das Paterlin [Halskette] mach auf 6 thail, – laß vnser kind an den Henden tragen ihr lebtag, – o schaz deiner vnschuldigen magalona, man nimbt mich Dir mit Gwalt, – so sey mir Got nit gnedig, – wol schicht mir so vnrecht yber vnrecht, – warvmb will mich Got nit heren, – schick mir etwas, ich mues sonst falsch reden, – ich möchte sonst erst mein sel beschweren.

1. Arbeiten Sie heraus, wie sich Rebekka Lemp in ihren Briefen zum Vorwurf der Hexerei äußert.
2. Inwiefern legen diese Briefe Zeugnis über die Liebe zu ihrem Mann und über ihren religiösen Glauben ab?

Folterwerkzeuge:
Beinschraube

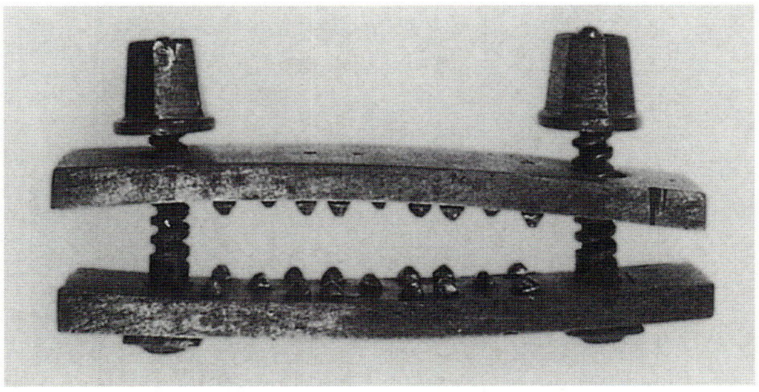

Daumenschrauben

Barock – eine Zusammenfassung

KRIEG (1618–1648), SEUCHEN, ZERSTÖRUNG, TOD

↓

LEITMOTIV DER VERGÄNGLICHKEIT (VANITAS-GEDANKE)

↓

DREI KONSEQUENZEN

	Orientierung aufs Jenseits		Ordnungswille
Literatur	**inhaltlich:** Gott als Zielpunkt und Erlösung, als Quelle der Hoffnung, als Licht in der (irdischen) Finsternis **formal:** Emblematik als Gestaltungsprinzip		**inhaltlich:** literarische Kunstformen als Gegensatz zum Chaos des Lebens (z. B. in Sonett, Figurengedicht, Schuldrama) **formal:** Antithetik als Gestaltungsprinzip, typisch für Zerrissenheit der Zeit
Bildende Kunst Architektur	Sehnsucht nach einem Kosmos (z. B. Deckengemälde und Stuckfiguren in Kirchen und Schlössern; Illusionismus als Gestaltungsprinzip) Visualisierung des Jenseits Symbolik + Allegorie + Metaphorik		Symmetrie von Bauten und Gärten als irdisches Abbild göttlicher Ordnung und als Gegenbild zur Wirklichkeit
Musik	z. B. J. S. Bach : Musik = Gottesdienst + Mathematik		
Wissenschaft und Religion	Das Wesen Gottes bringt die Vollkommenheit des Universums hervor, die in geometrischen Ordnungsverhältnissen besteht. Kepler: Verknüpfung von Religion und Wissenschaft; Wissenschaft als Rekonstruktion der Gedanken Gottes		
Soziales	hohe Bedeutung der Frömmigkeitspraxis		Zeremoniell am Hofe

Tragen Sie weitere Informationen über die Zeit des Barock zusammen (Internet, Nachschlagewerke usw.) und ergänzen Sie die Übersicht um eigene Beiträge und Beispiele.

	Genuss des Diesseits (carpe diem)	
	barocke Lebensfreude/Derbheit (Grabsprüche, Theater der Wanderbühnen – z. B. „Haupt- und Staatsaktionen"– Romane, Gedichte usw.)	
	barocke Formen, bacchantische Bilder voller Lebenslust, Prunk und Prachtentfaltung Repräsentation	
	Tänze, Suiten, Oper	
	katholische Frömmigkeitspraxis: Prozessionen, Wallfahrten usw.	
	Feste	

Rätselhaftes

SPIELE IM BAROCKEN LABYRINTH

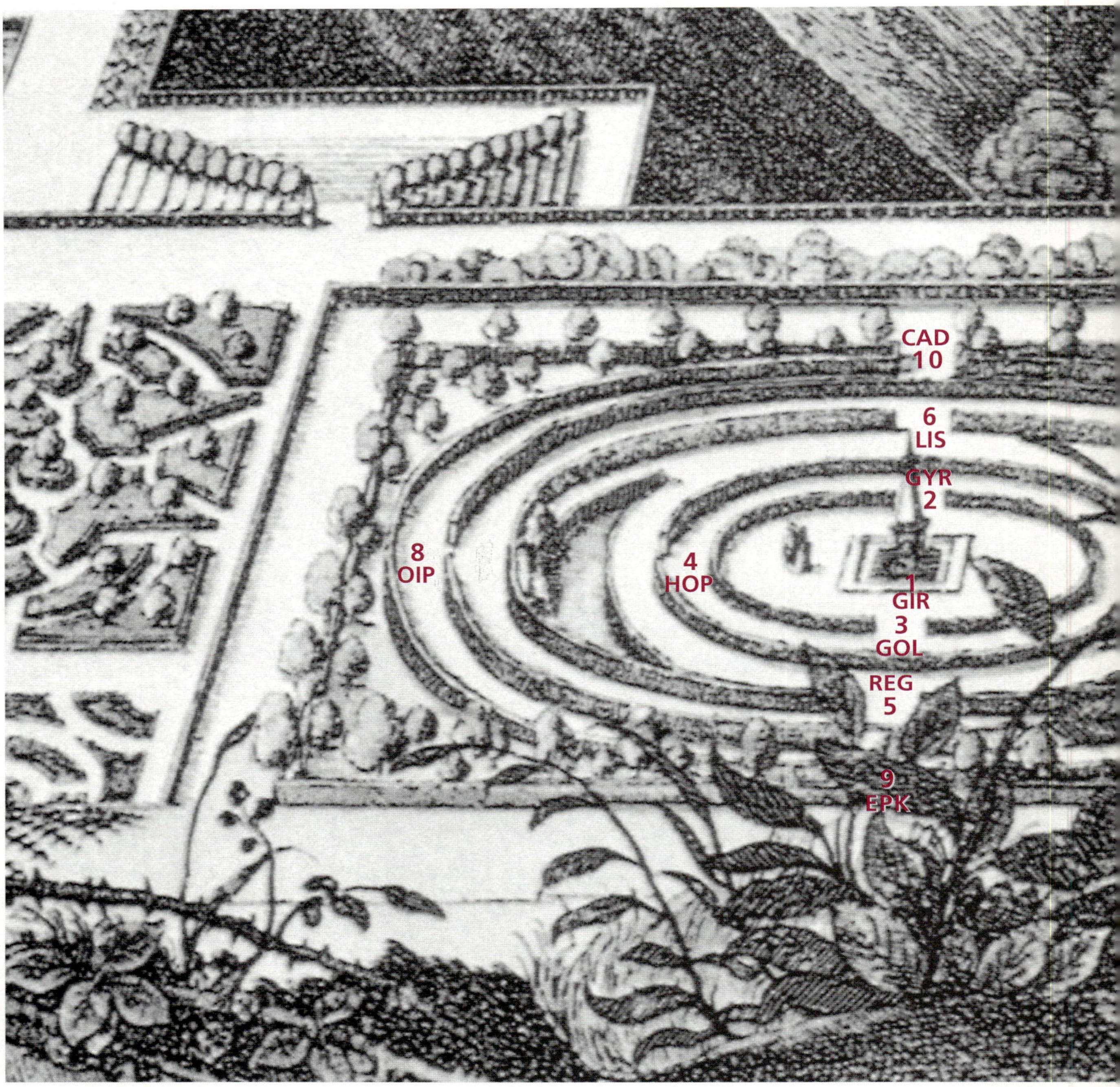

1. SPIELANLEITUNG WÜRFELSPIEL:

Bei dem Würfelspiel können so viele Personen mitspielen, wie Platz auf dem Brett ist.
Die Spieler machen einen der beiden Haupteingänge (9 oder 10) als Start aus. Reihum wird gewürfelt.
Gelaufen wird: gerade Zahlen rechts herum, ungerade Zahlen linksherum; jeweils 90 Grad (1/4 Kreis). Bei einem Zugang betritt man einen neuen (inneren) Kreis. Wer zuerst beim Obelisk (1) ist, hat gewonnen.

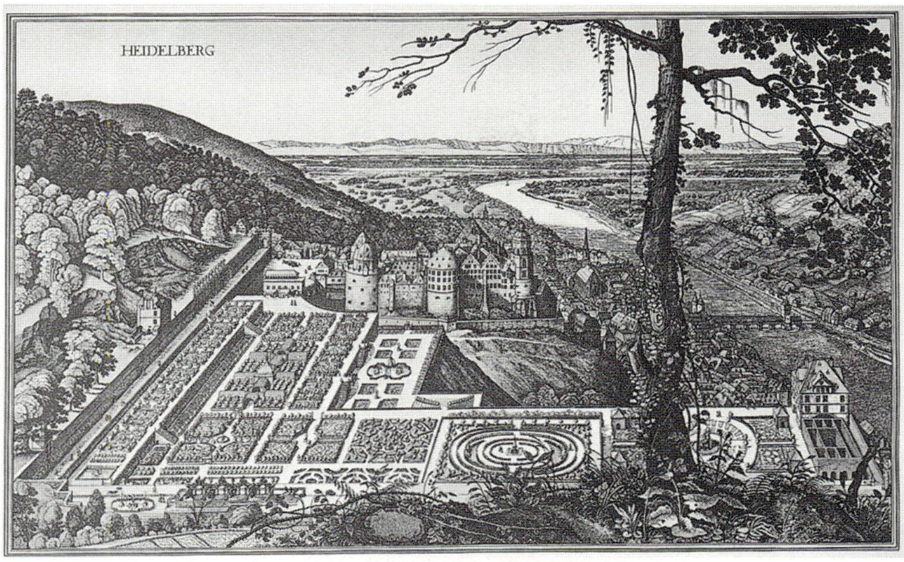

Heidelberger Schlossgarten

2. SPIELANLEITUNG NAMENSUCHE:

Die Eingänge des Labyrinths sind jeweils mit einer Zahl versehen, der wiederum ein Kurzanagramm zugeordnet wird: Die drei Buchstaben stellen jeweils, richtig geordnet, die Anfangsbuchstaben einer bedeutenden Persönlichkeit der Epoche dar. Gefragt ist nach dem Geburts- bzw. Sterbeort (g bzw. s) dieser Persönlichkeit. (Beispiel: ERM. s8 steht für Merian, gestorben in Amsterdam, Lösungsbuchstabe ist also das A.) Bestimmte Buchstaben der verschiedenen Orte lassen sich schließlich zum Lösungswort zusammensetzen. (Achtung: Einige Lösungsbuchstaben kommen doppelt vor!)
Folgende Zuordnungen sind zu machen:
1. GIR.s4 /2. GYR.g3 /3. GOL.g4 /4. HOF.g2 /5. REG.s3 /6. LIS. g6 /7. DIB. s2 /8. OIP.g1 /9. EPK. s1/ 10. CAD.s1

WAS STECKT DAHINTER?

1. Ich wachse lang und dünn / doch niemals aus der Erden:
(kan auch dergleichen Stamm bey uns gefunden werden?)
hab keine Wurtzel nicht /spross' aus deß Himels Feld
mich kennt ein jedes Kind und kaufft mich ohne Geld.

2. Ich bin der Gänse Kind / in tausend Stuck zerstucket
zu Morgens schlägt man mich /zu Nachts werd ich zerdrucket.
Man streckt sich zwischen mich /den ich lang halten kan
der ist /(raht wie ich heiss) ein Jammer voller Mann.

3. Ich bin der Sonnen Sohn / von ihr stets unbedecket
zu Morgens und zu Nachts fast überlang erstrecket:
Man findet Ruh in mir / ich ruh auch unerregt:
ich gehe vor und nach / wie sich der Mann bewegt.
(Georg Philipp Harsdörffer, 1651)

4. Seit dass ich gebohren bin / muss ich unaufhörlich lauffen
Alle welt die suchet mich / kommt zu mir mit grossem hauffe
Ohne glieder ist mein cörper / habe weder arm noch hand
Und dennoch thut keine stärcke meiner stärcke widerstand.
(Anonym, 1697)

5. Aus unbekanndtem Ort' / aus einem dunklen Haus'
Alls ob der Donner grummt / fall' ich mit Schall heraus;
Die Nechsten jag' ich weg / die doch nur meiner lachen:
Und wan ich sleichend komm / kan ich Gezänke machen.
(Justus Georg Schottel)

1. Erraten Sie die gesuchten Begriffe?

WICHTIGE LITERATUR ZUR EIGENSTÄNDIGEN WEITERARBEIT

Borries von, Ernst und Erika: Mittelalter, Humanismus, Reformationszeit, Barock. Reihe Deutsche Literaturgeschichte, Band 1; dtv 3341, München 1991
Szyrocki, Marian: Die deutsche Literatur des Barock. Eine Einführung. RUB Nr. 9924, Stuttgart 1987

BILDQUELLLEN

S. 7 AKG, Berlin
S. 9 aus: Henkel / Schöne, Emblemata. Handbuch zur Sinnbildkunst. Metzler Verlag, Stuttgart 1978
S. 10 bpk, Berlin
S. 11 Bild- und Filmstelle der Erzdiözese Freiburg (Christoph Hoppe)
S. 12 Herzog August Bibliothek, Wolfenbüttel: 1.1.2 Mus. 2°
S. 13 Österreichische Nationalbibliothek, Wien
S. 14 aus: Rolf Hellmut Foerster, Die Welt des Barock. Kurt Desch Verlag, München 1970, S. 31
S.15 bpk, Berlin
S. 16 oben aus: Rolf Hellmut Foerster, Die Welt des Barock. Kurt Desch Verlag, München 1970, S. 174
S. 16 unten: AKG, Berlin
S. 17 aus: Gero v. Wilpert, Deutsche Literatur in Bildern. Alfred Kröner Verlag, Stuttgart 1965
S. 19 oben: bpk, Berlin
S. 19 unten: Germanisches Nationalmuseum, Nürnberg
S. 22 links aus: Die Fruchtbringende Gesellschaft. Quellen und Dokumente in vier Bänden, hrsg. von Martin Bircher. Francke Verlag, Bern 1970, Bd. I u. II
S. 23 bpk, Berlin
S. 26 AKG, Berlin
S. 28 Siegfried Körsgen, Rottweil-Hausen
S. 29 Württembergisches Landesmuseum, Stuttgart
S. 30, 31 AKG, Berlin
S. 32, 34 bpk, Berlin
S. 36 oben: Graphische Sammlung, München
S. 36 unten aus: Eberhard Orthband, Bilderbuch Deutscher Geschichte. Hermann Pfahl Verlag, Baden-Baden 1961
S. 37, 38 bpk, Berlin
S. 40 Schöning Verlag, Lübeck
S. 41, 46 links: AKG, Berlin
S. 46 rechts, S. 47 unten: aus: Kurze Geschichte der deutschen Literatur. Hg. von Kurt Böttcher u. Hans Jürgen Geerdts. Verlag Volk und Wissen, Berlin 1990
S. 47 oben: Württembergische Landesbibliothek, Stuttgart; aus: Abraham a Sancta Clara, Etwas für Alle, das ist: Eine kurtze Beschreibung allerley Stands-, Ambts- und Gewerbs-Personen
S. 53 oben: Artothek, Peissenberg (Originaltitel: Das Menuett)
S. 53 unten aus: Erna Horn, Barocke Culinaria. In: Baden-Württemberg, Heft 1/1981, S. 31
S. 54 Hallisch-Fränkisches Museum, Schwäbisch-Hall
S. 55 bpk, Berlin
S. 57 oben: Bibliothèque des Arts décorativs, Paris
S. 57 unten, S. 61 Mitte, S. 66, Umschlag: bpk, Berlin
S. 58, 59, 60, 61 oben, 63, 64 aus: Maria Sibylla Merian. Künstlerin und Naturforscherin 1647–1717.Hg. von Kurt Wettengl. Historisches Museum Frankfurt/Main, Verlag Gerd Hatje, Ostfildern / U. Seitz-Gray, Frankfurt/M.
S. 61 unten: Archiv
S. 62 Nederlands Scheepvaartmuseum, Amsterdam
S. 67 aus: Eberhard Orthband, Bildbuch Deutscher Geschichte. Hermann Pfahl Verlag, Baden-Baden 1961
S. 68 aus: Edmund Schlieker, Josef Friese, Aus der Geschichte der Stadt Lügde, Bd. I, S. 57, Lügde 1983
S. 69 AKG, Berlin
S. 70 aus: Eberhard Orthband, Bildbuch Deutscher Geschichte. Hermann Pfahl Verlag, Baden-Baden 1961
S. 71 oben: Stadtmuseum im gelben Haus, Esslingen
S. 71 unten:Bayerisches Nationalmuseum, München
S. 72 Städelsches Kunstinstitut, Frankfurt/M. / © Ursula Edelmann, Frankfurt/M.
S. 73 oben: Musée d'Unterlinden, Colmar / Foto O. Zimmermann
S. 73 unten: Staatliche Kunsthalle, Karlsruhe
S. 74 bpk, Berlin
S. 76 Badische Landesbibliothek, Karlruhe
S. 78 Stadtmuseum im gelben Haus, Esslingen
S. 80 Heimatmuseum, Veringenstadt
S. 81 Augustinermuseum, Freiburg. Foto: Hans-Peter Viester
S. 84/85 AKG, Berlin

TEXTQUELLENVERZEICHNIS

S.10 Simon Dach: Es stünde mit der Erden, aus: Gedichte, Bd. 1, Weltliche Gedichte, Lieder und Hochzeitsgedichte, hrsg. von Walther Ziesmer. Verlag Niemeyer, Halle 1936
S. 10 Johann Christoph Männling: Todten-Bahre, zitiert nach: Albrecht Schöne, Das Zeitalter des Barock. Texte und Zeugnisse. C. H. Beck Verlag, München ²1968, S. 739
S. 11 „Im Zentrum des Bildes...", aus: Barock in Baden-Württemberg, hrsg. von Harald Siebenmorgen, Badisches Landesmuseum, Karlsruhe
S. 13 Der Minervae Banquet, aus: Dichtungen Sophie-Elisabeths, Herzogin zu Braunschweig und Lüneburg, hrsg. von Hans-Gert Roloff. Peter Lang Verlag, Frankfurt/M. 1980, S. 43
S. 15 Johannes Kepler: „Wenn es auch die Frömmigkeit"; „Mein Ziel ist es, zu zeigen"; „Man schaffe Schiffe und Segel", zitiert nach: Rolf Hellmut Foerster, Die Welt des Barock. Desch Verlag, München 1970, S. 3, 39, 40
S. 16 Martin Opitz: Das Buch von der deutschen Poeterey, aus: Buch von der deutschen Poeterey, hrsg. von R. Alewyn. Niemeyer Verlag, Tübingen
S. 17 Martin Opitz:Von den Reimen / ihren Wörtern und Arten der Gedichte, aus: Buch von der deutschen Poeterey, hrsg. von R. Alewyn. Niemeyer Verlag, Tübingen, S. 33–41
S. 18 Martin Opitz: Ich wil diß halbe mich, aus: Weltliche Poemata, hrsg. von Erich Trunz. Niemeyer Verlag, Tübingen 1975
S. 19:„Man ehrt und mehrt", zitiert nach: Heinrich Arnold Stockfleth, Die kunst- und tugendgeziehrte Macarie, hrsg. von Volker Meid. Peter Lang Verlag, Frankfurt/M. 1978
S. 20:Georg Philipp Harsdörffer, Poetischer Trichter, 2. Teil, Vorrede, zitiert nach: Albrecht Schöne, Das Zeitalter des Barock; a. a. O., S. 29 f.
S. 21:Georg Philipp Harsdörffer / Johann Klaj: Pegnesisches Schäfergedicht in den Berinorgischen Gefilden, zitiert nach: Albrecht Schöne, Das Zeitalter des Barock; a. a. O., S. 713 f.
S. 21 Philipp von Zesen: Palm-baum der höchst-löblichen Frucht-bringenden Gesellschaft zu ehren aufgerichtet, zitiert nach: Albrecht Schöne, Das Zeitalter des Barock; a. a. O., S. 736
S. 22 Kurtzer Bericht der Fruchtbringenden Gesellschafft. Zweck und Vorhaben, zitiert nach: Albrecht Schöne, Das Zeitalter des Barock; a. a. O., S. 38 f.
S. 22 Kling-Gedichte. Alles zu Nutzen, aus: Fürst Ludwig von Anhalt-Köthen, Der fruchtbringenden Gesellschaft Nahmen / Vorhaben / Gemählde und Wörter. Kösel Verlag, München
S. 24 Andreas Gryphius: Es ist alles eitel; Ebenbild unsers Lebens, zitiert nach: Albrecht Schöne, Das Zeitalter des Barock; a. a. O.
S. 25 Martin Opitz:Ach Liebste, lass uns eilen, zitiert nach: Albrecht Schöne, Das Zeitalter des Barock; a. a. O.
S. 25 Theodor Kornfeld: Ein Sand-Uhr, zitiert nach: Albrecht Schöne, Das Zeitalter des Barock; a. a. O., S. 739
S. 25 Anton Ulrich von Braunschweig: Sterblied, zitiert nach: Albrecht Schöne, Das Zeitalter des Barock; a. a. O., S. 739
S. 26 Friedrich von Logau: Sich selbst besiegen, aus: Sämtliche Sinngedichte, hrsg. von G. Eitner, Tübingen 1872
S. 26 Angelus Silesius: Der Cherubinische Wandersmann, zitiert nach: Albrecht Schöne, Das Zeitalter des Barock; a. a. O., S. 28 ff.
S. 27 Paul Gerhardt: Sommergesang, zitiert nach: Evangelisches Kirchengesangbuch Württemberg, 1953, S. 371
S. 28 Auf den mancherley zeit-vertreib, zitiert nach: Albrecht Schöne, Das Zeitalter des Barock; a. a. O., S. 1001

S. 28/29 Friedrich von Logau: Glauben; Genieß-Leute deß Friedens; Von den entblösten Brüsten, zitiert nach: Albrecht Schöne, Das Zeitalter des Barock; a. a. O., S. 996 f.
S. 29 Andreas Gryphius: Grabinschrift eines gehenckten Seilers, zitiert nach: Albrecht Schöne, Das Zeitalter des Barock; a. a. O., S. 727
S. 29 Martin Opitz: Grabinschrift eines Hundts, zitiert nach: Albrecht Schöne, Das Zeitalter des Barock; a. a. O., S. 727
S. 29 Grabinschrift eines alten bösen weibes, zitiert nach: Albrecht Schöne, Das Zeitalter des Barock; a. a. O., S. 731
S. 30 Allegorisch Sonnet, zitiert nach: Albrecht Schöne, Das Zeitalter des Barock; a. a. O., S. 493
S. 30 Christian Hofmann von Hofmannswaldau: Albanie, zitiert nach: Albrecht Schöne, Das Zeitalter des Barock; a. a. O., S. 481
S. 32 f., 33, 33 f., 35, 36, 37, 38 f., 40, 41, 42, 43 Hans Jakob von Grimmelshausen, aus: Der abenteuerliche Simplicissimus. Verlag Philipp Reclam, Stuttgart 1985, RUB 761, S. 15 f., 9, 25 ff., 35 f., 41 f., 59 f., 181 ff., 298 f., 514, 515, 516, 543, 545, 564 f., 574, 580, 718 f., 720, 721
S. 44 Gotthold Ephraim Lessing: „Greifnsohn (Samuel) aus Hirschfeld“, zitiert nach: Wolfram Mauser, Grimmelshausen und der Oberrhein. In: Die Ortenau. Veröffentlichung des Historischen Vereins für Mittelbaden. 53. Jahresband, Offenburg 1973, S. 59
S. 44 Otto Roquette: „Hauptlehrmeister...“, zitiert nach: Wolfram Mauser, Grimmelshausen und der Oberrhein. a. a. O., S. 59
S. 44 Josef Nadler: „Grimmelshausens Roman...“, zitiert nach: Wolfram Mauser, Grimmelshausen und der Oberrhein. a. a. O., S. 60
S. 44 Fritz Martini: „...formte Grimmelshausen“, aus: Deutsche Literaturgeschichte. Kröner Verlag, Stuttgart [4]1952, S. 157
S. 44 „Die Frage nach dem Menschen“, aus: Hermann Glaser u. a., Wege der deutschen Literatur. Ullstein Verlag, Frankfurt/M., Berlin [19]1972
S. 44 Wolfram Mauser: „Mit dieser Art biografischer Deutung des Werks“, aus: Wolfram Mauser, Grimmelshausen und der Oberrhein. a. a. O., S. 62
S. 45 „Gegenüber dem Vanitas-Denken“, aus: Kurt Böttcher, Hans Jürgen Geerdts, Kurze Geschichte der Deutschen Literatur. Verlag Volk und Wissen, Berlin 1990, S. 173 f.
S. 45 Wolfram Mauser: „Simplex macht Erfahrungen in der Welt“, aus: Grimmelshausen und der Oberrhein. a. a. O., S. 70
S. 48 Jakob Bidermann, aus: Cenodoxus, hrsg. von Rolf Tarot. Verlag Philipp Reclam, Stuttgart 1986, S. 112 f., 134 f.
S. 51 Andreas Gryphius, aus: Absurda Comica oder Herr Peter Squentz, hrsg. von Gerhard Dünnhaupt und Karl-Heinz Habersetzer. Verlag Philipp Reclam, Stuttgart 1983, S. 9 ff.
S. 54 Rezept: Ein gesottnen Kapaun mit grün- ausgelösten Erbis / Strützel und Knödlein, zitiert nach: Erna Horn, Barocke Culinaria. In: Baden-Württemberg, Heft 1/1981, S. 30
S. 55 Philipp von Zesen: Auf di Augen seiner Liben, zitiert nach: Albrecht Schöne, Das Zeitalter des Barock; a. a. O., S. 719
S. 56 Georg-Rodolph Weckherlin: Ein Rund-vmb, zitiert nach: Albrecht Schöne, Das Zeitalter des Barock; a. a. O., S. 699
S. 56 Caspar Ziegler: Was bistu Galathee, aus: Von den Madrigalen, 1653, zitiert nach: Ivo Braak, Poetik in Stichworten. Verlag Hirt, Kiel [4]1972
S. 56 Friedrich von Logau: Frage, aus: Teutsche Sinn-Gedichte, 1654, zitiert nach: Albrecht Schöne, Das Zeitalter des Barock; a. a. O., S. 726
S. 59 Maria Sibylla Merian: „Ich habe von Jugend an“, aus: Metamorphosis, 1705, Vorrede, zitiert nach: Maria Sibylla Merian. Künstlerin und Naturforscherin 1647–1717. Hrsg. von Kurt Wettengl. Historisches Museum Frankfurt/Main, Verlag Gerd Hatje, Ostfildern 1997, S. 43
S. 59 Maria Sibylla Merian: „Dieweil ich meine Blumen-mahlerey...“, aus: Raupenbuch I, 1679, Vorrede, zitiert nach: Maria Sibylla Merian. Künstlerin und Naturforscherin 1647–1717; a. a. O., S. 57 f.
S. 60 Maria Sibylla Merian: „Diese grosse gold-gelb-schwarze Raupe“, aus: Studienbuch, zitiert nach: Maria Sibylla Merian. Künstlerin und Naturforscherin 1647–1717.; a. a. O., S. 20 f.
S. 60 Maria Sibylla Merian: Mit Gott, aus: Der Raupen wunderbare Verwandlung und sonderbare Blumen-nahrung. Teil I, Nürnberg 1679
S. 61 Matthäus Merian d. Ä.: „Die Wunder der Natur“, aus dem Vorwort zu Florilegium novum von J. Th. de Brys, 1641, zitiert nach: Maria Sibylla Merian. Künstlerin und Naturforscherin 1647–1717. a. a. O., S. 57
S. 61 Jean de Labadie: „Alles was wir hören oder sehen“, aus: Les Entretiens d'Èsprit du Jour Chrétien, ou les Réflexions Importantes du Fidèle, Amsterdam 1671, zitiert nach: Maria Sibylla Merian. Künstlerin und Naturforscherin 1647–1717; a. a. O., S. 57 f.
S. 63 Maria Sibylla Merian: „Wenn sich also jemand“; „Ihr Samen wird gebraucht für Frauen“, aus: Studienbuch, zitiert nach: Maria Sibylla Merian. Künstlerin und Naturforscherin 1647–1717. a. a. O., S. 187, 210
S. 63 Maria Sibylla Merian: „Wenn ich malte, flogen sie“, aus: Metamorphosis, 1705, zitiert nach: Maria Sibylla Merian. Künstlerin und Naturforscherin 1647–1717. a. a. O., S. 32
S. 65 Maria Sibylla Merian: „So nun jemand all diesem“; „Zumalen ich ein sattsames Vergnügen“; „So oft nun solches geschen“, aus: Raupenbuch I, 1679, Vorrede, zitiert nach: Maria Sibylla Merian. Künstlerin und Naturforscherin 1647–1717. a. a. O., S. 49, 50, 23 f.
S. 65, 66 Alle Zitate nach: Maria Sibylla Merian. Künstlerin und Naturforscherin 1647–1717. a. a. O., S. 59, 60, 66, 214, 59, 208, 23
S. 68 „Am 15. März 1622 erschien der zum Heere Christians“, aus: Gustav Siegel, Aus Lügdes Vergangenheit, hrsg. vom Magistrat der Stadt Lügde
S. 69 Andreas Gryphius, Threnen des Vatterlandes / Anno 1636, zitiert nach: Albrecht Schöne, Das Zeitalter des Barock; a. a. O., S. 270
S. 70 Andreas Gryphius: Grabschrifft Marianae Gryphiae seines Bruders Pauli Töchterlein, aus: Gedichte, Text nach der Ausgabe letzter Hand von 1663, hrsg. von Adalbert Elschenbroich. Verlag Philipp Reclam, Stuttgart 1968, S. 108
S. 72, 73 „Daher sagt Chrysostomus“; „... der erste ist“, aus: Jakob Sprenger, Heinrich Institoris, Der Hexenhammer. Aus dem Lateinischen übertragen von J. W. R. Schmidt. Deutscher Taschenbuch Verlag, München 1997, S. 96, 97 f.
S. 73 Martin Luther: „Es ist ein überaus gerechtes Gesetz“, zitiert nach: Wolfgang Behringer, Hexen und Hexenprozesse in Deutschland. Deutscher Taschenbuch Verlag, München 1988
S. 74 Friedrich Spee: „Häufig sind die Richter“, aus: Cautio criminalis oder rechtliches Bedenken wegen der Hexenprozesse. Aus dem Lateinischen übertragen von J.-F. Richter. Deutscher Taschenbuch Verlag, München 1986
S. 75 Auszug aus der Scharfrichterordnung von Bessungen-Darmstadt, zitiert nach: Hans-Jürgen Wolf, Hexenwahn. Hexen in Geschichte und Gegenwart. Historia-Verlag, Dornstadt
S. 77 Auszüge aus einem vorgegebenen Frageschema für Hexenprozesse, zitiert nach: Wolfgang Behringer, Hexen und Hexenprozesse in Deutschland. Deutscher Taschenbuch Verlag, München 1988
S.78 „Wehre dich, so lange“, zitiert nach: K. Pfaff, Die Hexenprozesse zu Esslingen im sechzehnten und siebzehnten Jahrhundert. In: Zeitschrift für deutsche Kulturgeschichte, Heft I/1856
S. 78, 79 Zitate in den Fallbeispielen I aus: Akten des Prozesses gegen Michael Haisch und seinen Sohn. Stadtarchiv Esslingen, zitiert nach: Praxis Geschichte, Heft 4/1991
S. 81 Zitate im Fallbeispiel II zitiert nach: Harald Siebenmorgen (Hrsg.), Hexen und Hexenverfolgung im deutschen Südwesten. Volkskundliche Veröffentlichungen des Badischen Landesmuseums Karlsruhe, Bd. 2/1 und 2/2, Karlsruhe 1994